ドイツ語〈語史・語誌〉閑話

（ごしごしかんわ）

石川光庸

現代書館

まえがき

「ひととおりはドイツ語の初歩的知識をもっておられる方々が、通勤通学の途中で、あるいはちょっと頭を休めたい時などに、本書のどこでもいい数ページをパラパラとめくって下さると、ひょっとすると思いもかけず新奇な（あるいは珍奇な）語源情報に出くわして、これまでは平板だったその単語が立体的に見えたり、またはこれまでとは違った色彩を帯びて見えるようになる、そんな可能性だけはあると思うのである」――と十数年前のある拙著の「まえがき」に書いた。不思議なことにその拙著を面白がってくれた編集者がおられて、続編のようなものを書くことを慫慂され――さてそれからかなりの歳月が流れ去って、やっと出来上ったのが本書である。

だから上記の前著の「まえがき」は本書にもほぼ通用する。ただし、そろそろ人生の晩秋期にさしかかって老人性のわがままが募り、私個人の好みに偏して、あまり実際的な利用価値はないようなテーマに深入りしてしまったことは自覚している。編集者の方のご希望は、中級くらいの学習者、あるいはかつて学んだドイツ語に一種の郷愁をもって再び始めようかと考えているOBやOGの方々、そんな方々の学習の役にも立ち、同時に肩のこらぬエッセーないし雑談として楽しんでももらえる、そんな本を、ということであったが……さてさて、「役に立つ」かもしれない章はわずかで、大部分を占めるエッセーないし雑談も、古物好きの私の趣味性向に偏してカビくさく、あまり楽しんではもらえそうにもない。もし面白いと思って下さる読者がおられるとしたら、比較的年齢の高い歴史好きの方々かもしれないな、などと、はなはだ主観的かつ無責任な言葉で「まえがき」とさせていただく。

なお、学術書ではないので、参考文献はごく基本的なものにとどめる。本格的にドイツやゲルマンの言語史、語源学、文化史などに取り組もうと思われる方々は、それらの基本文献に紹介されている専門的文献を参照されたい。

こんな小著ではあるが、世に出るについては、現代書館編集部の吉田秀登氏をはじめ実に多くの方々の善意と汗とに負うところが大きいことを痛感している。そのすべての方々に心から御礼申しあげる。

2012年　春

著者

ドイツ語〈語史・語誌〉閑話

目　次

1　異教徒ハイドン

クラシック音楽好きの女子学生がドイツ語レポートにこんなタイトルを付けてきた。„Ich mag sehr gern Heidon.“ 私が「Heidon てだれです？」と聞くと、オヤこの教師はハイドンを知らないのかと怪訝な顔をする。ハイドンなら Haydn だよと黒板に書くと、いっそう不思議がって、「ハ・ユ・ドゥン」だなんて舌を嚙みそうだとブツブツ言う。そこでまた私：「いやいや、ハユドゥンじゃなくてハイデン。Hayden のつもりで発音すればいいのさ」。すると学生：「でも e はどこにも書いてないからやはりハユドゥンでしょ。舌を嚙みそう……」と水かけ論となる。

実は南東ドイツからオーストリア一帯で用いられるバイエルン方言では、アクセントのない -e- 音はいちいち表記しない傾向があり、Hayden は Haydn とも書かれたのである。だから、こう書かれているからといって -e- の音がまったくないわけではなく、弱い〔ə〕はちゃんと残っていて、結局 Hayden という表記と同じ発音となる。なおハイドン家の苗字表記が Hay- となっていて Hei- でないのは単なる書きぐせであって、y は i に等しく、ことさら「ユ」と発音する必要はない。Heiden といえば①「異教徒」という意味の男性名詞 Heide（英 heathan）、②「荒野」の意味の女性名詞 Heide（英 heath）、の複数形であり、ハイドン家の名前もそのどちらかと関係があるのだろう。普通は①の方で十字軍遠征以降に「異教徒退治に参加した人」などという意味で広まったらしく、だから騎士の名前に多い（Heidenreich, Heidrich など）。ただし②の「荒野」も「未開拓の荒野に住む野蛮人」がすなわち「異教徒」のことであるという語源解釈を信じれば、決して無関係ではないことになる。

さてそんなわけで、ハイドンは実はハイデンが正しい発音であり、実際ドイツ語のネーティブスピーカーはそう発音する。ではなぜ日本ではハイドンになってしまったのだろうか。

ひとつにはハイドンを紹介した初期の音楽学者たちも上に述べたような事実、つまり -dn は -den の特殊表記にすぎないことをご存知なく, -dn だから「ドゥン」、そして「ドン」と書いてしまったのであろう。

もうひとつは、英語の影響が考えられる。ロンドンでも活躍して有名になったハイドンの名は、英語では文字どおりに〔haidn〕と発音される。ドイツ語では -dn という２重子音が語末の１音節を成すことは不可能だが、英語ではいくらでも可能である（たとえば sudden や hidden）。わが国の音楽学者たちはまず英語からハイドンという名を取り入れたのかもしれない。

同じような -e- を表記しない書きぐせは -el の場合にもよく見られる。『夜と霧』で日本でも有名な精神医学者 Frankl は実は Frankel と同じなので、「フランクル」というのはおかしい。詩人 Trakl も「トラーケル」でよろしいので、無理に「トラークル」とすることはない。シオニズムの父と呼ばれる Herzl も「ヘルツル」などという面倒な発音ではなく、「ヘルツェル」が正しい。ハンブルク大学教授の日本学者 Benl 先生も「ベーネル」先生で、「ベンル」などではない。前にも書いたが、ドイツ語は英語とはちがって, -kl, -pl, -tl, -zl のような２重子音で音節を閉じることはなく、いつも -kel, -pel, -tel, -zel という母音を含んだ音節となるのである（英 temple ―独 Tempel）。

これらの -(e)l は南ドイツ語特有の縮小辞（Diminutiv）で、人名の場合は一種の愛称が出発点だったのだろう。たとえば Frankl は「Frank 族出身のあいつ」などというニュアンスで。シュワーベン方言では -(e)le、スイスのアレマン方言では -(e)li、標準ドイツ語では -lein となるこの縮小辞、不思議なことにドイツの中・北部で

は -chen に取ってかわられ、たとえば中・北部由来の Mädchen は南ドイツでは Mägdlein、Mäderl、Mädel、Madel、Madl（発音は「マーデル」であって「マードル」ではない！）などとなる。グリム童話の「ヘンゼルとグレーテル」Hänsel und Gretel も中・北部に行けば「ヘンスヒェンとグレートヒェン」Hänschen und Gretchen に変わることになる。ともに Hans と Grete（< Margarete）の縮小形なのだから。

——とここまで前後左右しながらなんとか説明し、だから「ハイドン」は「ハイデン」なのだと締めくくったのだが、先ほどの学生さん言わく：「メッチャ雑学！」。

2　dreißig

初級ドイツ語の授業、今日は数詞。20までは英語に似ていることもあってスラスラと進む。21になってちょっと引っかかる。オヤ、einundzwanzig、zweiundzwanzig!....... 英語 twenty-one, twenty-two とちがってドイツ語では「1と20」「2と20」……のように1の位と10の位をひっくり返して言うのである。なにやら原始的でややこしい感じはするが、ドイツ語と姉妹語である英語も古い段階では ān and twentiġ、twā and twentiġ と言ったのであり、後にフランス語の影響で今のようになったのだと聞けば、それなりに納得。さて、20, 40, 50, 60, 70, 80, 90 はそれぞれ zwanzig, vierzig, fünfzig, sechzig, siebzig, achtzig, neunzig で英語の twenty, fourty... に対応して覚えやすいが、ここにただひとつ厄介なのが30で、dreizig ではなく、dreißig であることに気をつけなければならない。——とひととおりは教えられても、現実は甘くなくて、他の数字はほとんどまちがえなくなってもまだまだ dreiunddreizig などと言ってしまう。ついに奮然としてA君が言う。先生はドイツ語と英語は兄弟／姉妹語でよく似ているのだと言わはりますが、この dreißig の -ßig はなんですか。なんで20や40と同じく -zig とならんのですか?!
不統一じゃないですか！

ウーム、この疑問に即座に答えられるドイツ語教師（ネーティブを含めて）はそう多くあるまい。つまりドイツ語の歴史についての知識がかなりないとわからない種類の問題なのだから。頭の中でせわしなく歴史文法書のページをめくりながら、私はこう始める：10は英語が ten でドイツ語は zehn、20は英語が twenty でドイツ語は zwanzig。さてこれをよく見ると英語の t という子音はドイツ語では z になることがわかる。語頭の t- だけでなく、語中の -ty や -teen も -zig や -zehn となるから同じことである。だから 30 も当然 dreizig となってよいはずだが……。しかしちょっと待ってほしい、英語 foot「足」はドイツ語 Fuß、eat「食べる」は essen である。つまり英語で語末に来る -t はドイツ語では -ß, -ss- となるわけだ。英語の t がすべてドイツ語で z になるのではなく、位置によって -ß や -ss- ともなるらしいことがここでわかる。一応は語頭の英 t- は独 z- に、語末の英 -t は独 -ß, -ss になると考えておこう。今問題になっている英 -ty や -teen は ten の派生語で、もともとは独立性をもつ数詞だった。だから thir-ty や thir-teen という合成語の一部となっても、t- はその音節の語頭音でありつづけ、ドイツ語では -zig, -zehn となる。したがって 30 も dreizig のはずである――が、ここで dreißig を他の類語と比べてみよう。20=zwan-zig, 40=vier-zig, 50=fünf-zig, 70=sieb-zig, 80=acht-zig, 90=neun-zig... なにか気がつきませんか？　そう、30 の dreißig だけ直前の語（drei）が母音で終わっているのだ。つまり問題の音価は ei と i という母音にはさまれていることになる。さきほど英 eat →独 essen という例を挙げたが、実はより正確には古期英語（Old English）etan →古高独語（Althochdeutsch）eȥȥan（発音は「エッサン」）であり、母音にはさまれた語中音の -t- はドイツ語では -ss-, -ß- になるという例だったのである。つまり英語数詞要素 -ty は語頭音としてドイツ語では -zig になるのが当然ながら、30 の場合のみは母音にはさまれた語中音として -ßig に変わったということなのである。13 の場合に drei-ssehn にならなかったのは、10 zehn という独立語が確立していて、語中音などという意識が成立しえなかったからであろう。

いやはや厄介な説明になってしまった。こんな歴史的解説で頭を悩ますよりは、不統一でもなんでも 30 だけは dreißig と丸暗記してしまう方が精神衛生上よろしいのです……。

ちなみにここに述べた現象は「高地ドイツ語子音推移」、または「第２次子音推移」という、南方に進出したゲルマン族から８世紀ごろ発生した子音変化の一部である。この変化が中・北部に浸透して現在の標準ドイツ語の原型となり、変化を蒙らなかった北ドイツ語方言との相違が大きくなった。同じ西ゲルマン語である英語もオランダ語も広い意味では低地ドイツ語の一種だったと言ってよい。英語は北独のAngeln族とSachsen族の一部が５世紀ごろブリテン島に移住し（だからAnglo-Saxonという。EnglishはAngelnの形容詞）、後にフランス語の影響を強く受けて出来あがったものである。オランダ語はもともとは低地フランク方言であるが、後にドイツとは異なった独自の文化発展を遂げてオランダ語となった。

この高地ドイツ語子音推移を簡単にまとめてみよう。
左側の西ゲルマン語（具体的には英語）の子音がこのように変化したのである。

p	1）語頭音→ pf	英 plant →独 Pflanze
	2）それ以外→ ff, f	英 deep →独 tief
t	1）語頭音→ z	英 tell →独（er）zählen
	2）それ以外→ ss	英 eat →独 essen
k	1）語頭音→ kch（後に再び）→ k	英 come →独 kommen
	2）それ以外→ ch	英 make →独 machen
d	→ t	英 day →独 Tag
th	→ d	英 three →独 drei

このような子音推移は８世紀ごろ南ドイツの高地地方から始まってゆっくり北上したから、すでにブリテン島に移住していたアング

ロ・サクソン語、すなわち英語には影響がなかったわけである。またこの子音推移の北上は全ドイツの 2/3 ほどで勢力が衰えたから、残りのいわゆる低地ドイツ語も英語と同じく古い西ゲルマン語の子音を今なお保っている。たとえば Ik mak dat nit（=Ich mache das nicht）のように。

現在の標準ドイツ語はこの子音推移を経た中部ドイツ語を基礎にしており、テレビ、ラジオ、新聞などのメディアの発達とともに標準ドイツ語が浸透しつつあるのは、日本と変わりない。ただ、日本やフランスなどのような文化の中央集権主義は見られないお国柄なので、日常の話し言葉はまだまだその地方の特色豊かであり、標準ドイツ語（Hochdeutsch）しか知らない訪問者をたっぷり悩ませてくれるのである――。

いつもながらの長口説となって、クラスの半分くらいはウトウト。次回もまた A 君は（しょうこりもなく）dreizig をくりかえすことであろう。私は悄然として黒板を消したのであった。

3　右と左

ある方の暑中見舞の「ついで」のところにこう書いてあった：《先日ある小さな発見をしました。「右」「正しい」「権利」「法律」が英・独・仏のどれでも同一語で表されるということです。ドイツ語では recht、Recht、英語は right、フランス語は droit... これは偶然なのでしょうか？　昔、道に迷った人が分かれ道のたびに右に曲っていたら宝物を発見したのかな？　右ききの人が多いからかな？　などと勝手な想像を巡らせております……》。

フムフム、分かれ道で右に行けば宝物、というのは少々童話の読みすぎのようだが、右きき説は当たらずといえども遠からずと言ってよい。というのも recht や right の第一義は「まっすぐの」で、次に「正しい」となり、そしてたいていの人は右ききで、右手を使えば「正しく、まっすぐ」に事を処理できるから「右」ということにもなったのであるから。

「まっすぐな、正しい」は印欧語の *reĝ-「まっすぐの」に由来し、ラテン語の rēctus, rēx「王様（すなわち正義を行う人）」、フランス語の roi「王様」なども同根である。

ただし recht 系統の「まっすぐな、正しい」が英独仏の各言語で「右」の意味に使われるようになったのは中世末期のことで、案外新しい。それまでのドイツ語で「右」は zeso と言い、ラテン語 dexter「右」と同語源であった（これもまた原義は「正しい」だった）。だから recht などの「まっすぐな」という意味が、今なお rechter Winkel「直角」や senkrecht「垂直の」、waagerecht「水平の」などに保たれているのは当然なのである。

フランス語の droit もラテン語 dī-rēctus の発展形（英 direct）で

recht と同根であり、古くから「まっすぐな、正しい」を表したが、「右」という意味を持つようになったのはやはり中世末である。

さてついでに「左」も見ておこう。ドイツ語の link は中高ドイツ語期から一般的になったもので、語源はあまりはっきりしないが、スウェーデン語方言などとの類推から「弱々しい」が原義とされる（lahm「萎えた」と同根？）。あるいは「曲った」の意味で lenken「向ける」や Gelenk「関節」と同系かもしれない。それ以前の古いドイツ語や英語で「左」は winster といい、古高ドイツ語 wini「友、味方」と関連づけて「（武器を執らなくてよい）友好的な側、左側」と解される。英語においても 1200 年頃からは left が優勢になるが、これも「弱い」が原義だったと考えられる（古英語 léf「弱い」）。

ドイツ語の link には面白いことに「左」だけでなく、「裏返しの、まちがった側の」の意味もあり、linke Seite der Münze「硬貨の裏側」、einen Strumpf links anziehen「靴下を裏返しにはく」などと言う。この場合は「右の」ではなく「正しい」の意味の recht の反対概念なのである。linke Geschäfte machen「あやしい商売をする」もここに属する。これに反し英語 left にはこのような色彩はあまりないようである。to marry with the left hand「身分の低い女性を妻にする」という表現はあるが。

政治的な「右翼」や「左派」は、フランス革命後の議会で議長席から見て左方を急進派ジャコバン党が占め、右方に貴族などの保守派が座ったことから出た表現だから、独 recht、英 right、仏 droit、また独 link、英 left、仏 gauche がその意味で用いられるのは当然である。仏 gauche の原義は「曲った、歪んだ」で、15 世紀頃にラテン語由来の senester（羅 sinister）に取ってかわったのだが、この gauche という語、実はゲルマン語を話していたフランク族の単語で、現代ドイツ語 wanken「揺らぐ、ふらつく」と同根語である（ゲルマン語の w 音はフランス語で g 音に変わる）。「（右腕ほどは頼りにならない）弱い歪んだ手」ということなのだろう。西欧人の左ききの率は日本人よりずっと高いように思われるが、それにもかかわらず太古から左がほとんど常に「弱い、劣った」側と見なされていたらしいことがわかる。武器を執って戦うとき、心臓の位置する左側が弱い側ということだったのかもしれない。

このように、現在では抽象的な方位の記号としか思われない「右、左」が、元来は手・腕と一体の言葉であり、右手が武器を執る強い手、左手がそうではない弱々しい手というように古代の日常生活に必要な具体的語彙であるのは実に興味深い。そう言えば日本語の「右」も武器の柄を握る「握り手」ニギリテがミギ(リテ) と変化したものであり、「左」は松明・燈火を持つ「火取り手」ヒトリテがヒダリ(テ) と変化したものだと言われる。中世には馬の手綱をとる右手を「馬手」メテ、弓を握る左手を「弓手」ユンデとも言い、武家中心の時代色を濃く留めている。語源学のかなり大きな部分を生活史、文化史が占めることを痛感させられる。

4　亀は楯を構えた蛙？

ある人が夏休み休暇をとって家族と１週間ほど海外旅行をするという。しかしその間ペットのカメちゃんをどうするかで頭が痛いそうな。

「エサだけちょっと置いとけば、１週間や10日だいじょうぶだよ」と筆者。すると眉をひそめて「とんでもない、２日ももちませんよ！」とおっしゃる。「鶴は千年、亀は万年だよ。たかが１週間くらいで……」と筆者が言い返すと、一瞬ポカンとして、次は吹き出しながら「うちのカメちゃんって亀じゃありません。オカメインコのことです！」――「おかめ」の面のように頬に橙色の斑があるからそう言うんだそうだが、紛らわしい名前にしたもんだ、と筆者は憮然。早早に退散しながらオカメインコのことを考えた：インコは鸚哥と書くのだから、当然中国語で鳴き声から出来た擬声語だろう。問題は「おかめ」で、お多福の別称であるあの愛敬ある笑顔の女性がなぜ「おかめ」なのか。そのへんの辞典を引いてみると、あの突き出た額や頬が甕を想起させるからか？　などとある。どうもマユツバの気がするが、しかしおかめとペアになって滑稽かつ時に少し下がかった所作をする「ひょっとこ」は火男の転で、火吹き竹（はて、この道具をご存じの読者はどのくらいおられるのだろうか？）を使って炭火を吹きおこす顔つきを模したものだというから、連係作業の相手がお甕さんという台所道具のシンボルであるのもわからないでもない。

ところで甕はなぜ「かめ」で亀と同音なのだろう（上代特殊仮名遣などという難しい話はここでは飛ばすことにして）、と気になり出してまた辞典を見ると：①酒をカモス（醸）器だから、②ケ（笥）ミ

（身）である……とかいろいろあって、終には③形が亀に似ているからという説まである。もうここまで来たら亀の語源にも当たるしかない。実に多種多様な語源説がのっている。①甲羅で身を固めているからカタメの略。②すぐ頭や手足を引っこめるからカガムの略。③古来神獣とされたからカミ（神）の転……等々。印欧語のように比較対照できる同系言語をもたない日本語の語源学はまだ未開のジャングルであるようだ。素人のさかしらはやめてドイツ語に話を進めることにしよう。

ドイツ語では「亀」はSchildkröte、つまり「甲羅をもったひき蛙」という。Schild「甲羅」はいいとして、Kröte「ひき蛙」は意外である。亀とひき蛙は少なくとも私の頭ではなかなか結びつかないのだが――しかしそう言われてみると確かにどこかしら似ていなくもない、という気になってくるのが不思議である。

Schildはもともと男性名詞であったが後に意味が分かれ、今では男性名詞としては「楯」、中性名詞としては「看板、標札、バッジ、甲羅」などを意味するようになっているので、SchildkröteのSchildが後者であるのは当然だが、それにしても「楯を構えたひき蛙」や「看板を掲げたひき蛙」が連想され、なにやらメルヘンの挿画のようでおかしい。Schildは英語shield「楯、防御」に対応し、もともとは「割木」の意味で、その割木を貼り合わせて鉄枠をはめたり皮でおおったりして作られた楯のことになったらしい。「深皿、平たい鉢」のSchaleも同語源である（木片や動物の頭骨を切り割って作ったから）。そういえばSchaleには（果物などの）「外皮、殻、さや」の意味も。またSchildと同じく（カニや亀の）「甲殻、甲羅」の意味もある――もっとも亀のことをSchalekröteなどとは言わない。Schalentier「甲殻類」はあるが。

蛇足ながら、ドイツ人の先祖であるゲルマンの戦士たちは大切な楯に武運を祈る図像や色彩を描き、また中世には家紋を描いたから、schildernは後に「描写する、叙述する」という意味になった。

このSchildkröte、頑丈な楯で前後を守られた完全武装のひき蛙を想像してユーモラスなのだが、中高ドイツ語にすでに登場するから、やはり騎士道盛んだった盛期中世の産物なのだろう。低地ドイツ語やオランダ語はschildpadde（paddeはKröteと同義）で、多分ハンザ商人などを通じて北欧諸国にもこの形が普及している：デンマーク語skildpadde、スウェーデン語sköldpadda、ノルウェー語skilpadde。ところが英語にはこのタイプの造語はなく、中期英語ではフランス語系のtortuceがもっぱらで、現在のtortoiseに至っている。*shield frogや*shield toadはないのである——と言ったが、実は古期英語にbyrdlingという語があるのに気づいた。byrd-はbord「板、楯；テーブル」（英語board、独Bord）であり，-lingは名詞につけて弱い、あるいは愛らしいものを表す指小辞（たとえば英darling、独Liebling）だから、「楯をもった小さい奴、小動物」ということになる。Schildkröteに類似してはいるのだが、後半部が蛙という具体名詞になっていないから、甲殻動物なら何でも使えそうである。ひょっとするとこれはラテン語の亀testūdōを学識ある修道士が翻訳したものではなかろうか。testūdōはtesta「板、ふた、深皿、陶片、甲羅」に由来し、「堅い板状のもの、すなわち甲羅で張り固めたもの」を意味しているのだから。ラテン語の語源まで意識して英語に置きかえるのは一般人にできることではなく、だからこの語もごく一部でしか使われなかったのではなかろうか。もしかすると一般にはSchildkröteに対応する通俗的な単語が通用していたのかもしれないが、記録には残らず、そのうちにアングロ・ノルマン王朝となって古フランス語系の語に変わってしまったのかもしれない。

Kröte「ひき蛙」はドイツ語圏にしかなく、語源不詳である（鳴き声からか？）。Kreta, Krota, Krutなどさまざまの発音で各地に広まっていたが、ルターが自分の故郷の東中部ドイツ語形Kröteを用いたことによって共通語となったそうである。それにしても亀を甲羅を着たひき蛙と見なすというのは、相当に豊かな想像力を前提とするように思われる。それともドイツ人の御先祖たちは亀を解剖して蛙との共通性に着目したのだろうか？　ドイツにスッポン料亭があったとは聞いていないのだが……。

追記：新説であろうが、日本語の亀も甕も「いかめしい」（厳、猛、偉）が出発点という説を知った。イカメシキ甲羅をもつから亀、大形の立派なイカメシキ陶器だから甕となったというものである。ハハァとうけたまわっておきます。

5　性についての繰り言

恥ずかしいくらい長年月ドイツ語を学んできたのに、まだまだたくさんのミスをする。発音はもとより文法もシンタックスも、単語の選択もスタイルも、まずいことが山ほどあるのだが、その中でも一番ひどいのが――なにを隠そう、単語の性、デア・ディ・ダス……なのだ。初学者を悩ますこの男性・女性・中性という性の区別が、ウン十年もドイツ語と取り組んできたはずの老教師を今なお悩ましていると聞いたら、読者の学習意欲はだいぶそがれるであろう。しかし真実を隠すわけにはいかない。もちろん個人差も大きくて、私と同程度の人でも性の区別にそれほど悩まされない方々もおられるだろう。だからこれは私という個人についての話なのだが、以前ならちゃんと性をおぼえていない単語でも山勘を働かせると当たることが多かったのが、最近はその山勘がよく狂うのである。また、しっかり知っているつもりの単語の性が実は全然ちがっていたことに気づいて愕然とすることもある。――これは要するに私の脳の老化現象と認めざるをえないのだが、あまり自認したくなく、ドイツ人の前で身勝手な不平を言うことになる。「どうもドイツ語は困ったもんだ。フランス語やイタリア語なら性の区別が一応あっても、ルとかラとか適当に発音してごまかせるのに、der、die、dasを d'... なんてやるわけには絶対いかないんだから」。こんな理不尽な文句にドイツ人はただニコニコするだけである。性など気にせずドンドンしゃべれ――とでもアドバイスしてくれれば助かるのだが、実のところこれまでそんな人に出会ったことがない。*das Tisch や *die Auge はドイツ人にとっては天地がひっくり返ったような大々的かつ致命的な誤りなのだ。そんなミスがこちらの口から出ると、彼らはたいてい小声で（つぶやくように）der Tisch、das Auge... と訂正してくれるのである。そしてこちらはいっそう落ちこむ。

万物に男・女・そのどっちでもない、という性の区別をつけるというのは、まちがいなく原始的アニミズムである。私個人は主観的にはアニミズム大好き人間で、机がなぜ男なのか、目がなぜ中性なのか、等々考えはじめるとワクワクして他のことを忘れそうになる。しかしこのような楽しみと日常的実用性とは一致してくれない。興味深いアニミズムの世界に沈潜していては、日常世界は一歩も進まないのである。

そこでなにはともあれドイツ語名詞について、まずザッと概観してみよう。かつて次のような短文を綴ったことがある。

1）文法的性の由来

ドイツ語の名詞（や代名詞）には、男性、女性、さらに中性という三種の区別がある。これはドイツ語だけの特色ではなく、ドイツ語や英語、フランス語など現在のヨーロッパの大多数の言語を包括する「インド・ヨーロッパ語」（「印欧語」とも。東はインドから、西は西欧に至るまで広がる一大言語グループ）全体の特色である。

すべての存在に男女という性を意識するのは、原始的アニミズムの世界においては自然のことである。まず最初に男と女という二分法があり、次にそのどちらにも分類しがたいもの、たとえば岩石などを中性として補足する、という順で進んだのであろう。

森羅万象に雌雄を認めようということ自体は珍しくもないが、それを言語的に正確無比にすべての単語に固定しようとした点に、インド・ヨーロッパ語族の特色があると言えよう。世が進み、アニミズム的心情が薄れるとともに、このような言語的「性意識」も薄れる。

三性を峻別していたラテン語の子孫であるイタリア語やフランス語は、中性を男性に組み入れて、今は男女二性の区別しかない。ゲルマン語も今なお三性を堅持しているのはドイツ語とアイスランド語くらいで、英語に至ってはほとんど完全にこの「言語的アニミズム」と訣別しているのは周知のとおりである。

しかし英語は全体の中できわめて小さな特殊例であって、ドイツ語の三性区分、フランス語やイタリア語の二性区分などが、予測可能な近未来に放棄されることはありえないと断言できる。というのも、もうアニミズムとは無関係な言語構造の一部になっているからである。

2）性の分類のルール

上述のようにもとは素朴な精霊信仰に由来するものだから、少々極端にいえば、古代人が「雄」と感じたものは男性に、「雌」と思ったものは女性に、つまり自然性に応じて分類するのが原則だった。「父」を男性、「母」を女性、「子供」を中性とする類である。さらにドイツ語で多くの場合、山の名前が男性、川が女性であるのもこれに準じて考えていいだろう。当然、地域差もあって、たとえば北欧と南欧では太陽と月の性は逆転する。

しかし圧倒的に多くの事例においては、もはや自然性ではまったく理解がつかない。なぜ「家」das Haus が中性、「壁」die Wand が女性、「床」der Boden が男性であるかは、インド・ヨーロッパ人、あるいはゲルマン人の祖先を冥府に訪ねて説明してもらうしかないのである。

とはいえ、ある種のルールの如きものはある。簡単に挙げてみると、①季節、月、週日、方位、風雪雨、鉱石は大体は男性、②木や花、数字（名詞として用いたとき）は女性、③地名、金属名、縮小辞 -chen, -lein のついたもの、接頭辞 ge- のついた集合名詞は中性、などである。

この他に気づいたことをもう少し述べれば、一般に国や地域名は中性だが、語尾が -ei, -ie, -e のものは女性（die Türkei、die

Mongolei)。ただし die Schweiz や der Iran, der Irak, das Elsass などは覚えてしまう以外に方法はない。

略称はその基幹語に合わせる（die CDU=die Christlich-Demokratische Union）。合成語も同様（die Zugspitze は山名だが、他の山とちがって der Berg という語を補って考える余地がない）である。

また現実にはこのケースが非常に多いのだが、それぞれの性に固有の接尾辞があって、たとえば -heit, -keit, -schaft, -ung, -ion, -ität は例外なく女性、-ich, -ling は男性、-chen, -lein は中性であり、これらによってかなり機械的に「性分類」が可能となっている。

３）新語の性はどのように決めるのか。

新語ができたときも、2）で説明したような（緩い）ルールに応じて性は決まってゆく。

たとえば Computer は -er という（多くの場合）男性語尾の類推で、あるいは無意識に Apparat を補って考えるせいで、男性となる。Internet は -net に対応する独 Netz が中性だから das Internet。die Homepage は -page がフランス語 page も、さらにそのもとになったラテン語 pāgina も女性だから同様に die だと思われるが、案外ただ単に語尾が -e だからかもしれない。当惑するのは die E-Mail で、英語 mail「郵便袋」のもとになったフランス語 malle「鞄」はたしかに女性だが、そこまで語源意識が働くはずはない。むしろ「郵便」のドイツ語 Post が女性名詞だからと考える方が正しいだろう。

また Ginza「銀座」は die Straße を意識するせいか、あるいは女性接尾辞の -a を意識するせいか、die Ginza となり、地名は中性という一般ルールからやや外れる。面白いのは CD（Compact Disc）で、後半は本当は Diskus で男性のはずだが、「カセット」（Kassette）を意識してか、die CD と女性名詞になっている。

4）名詞の性はどうしたら覚えられるか。

以上の説明から 4）についての回答はおのずと明らかになるように思われる。特別よい方法は多分あるまい。

多くの単語の性区別に大きな役割を演ずる接尾辞に早く慣れ、あとは新しい単語に出会うたびに、極端なことを言えば古代人のアニミズムに対する新鮮な好奇心をもって、なぜそれがその性になったかなど、あれこれ思いを巡らせながら付き合っていくならば、必ず早く覚えられるのではなかろうか。

自分が書いた文章ながら、この最後の部分が実に面映ゆい。「古代人のアニミズムに対する新鮮な好奇心をもって……」というのは今でも正論とは思うが、この正論があまり実際的有効性をもたないことは、私自身が連日証明しているのだ。もう仕方がない。ひたすら覚えるだけ、慣れるだけ、が結論である。なにしろドイツ人たちはそうしているのだから。

6 「おなか」

高校生のとき、ある先生から「女性」woman は「子宮」womb プラス「人、男」man から出来たのだと聞いた。女性にも子宮にも多大な関心を抱く時期の男子高校のクラスだったから、ふだんは英語が苦手の連中もこの知識ばかりはしっかりと脳にしまいこんだものだった。この先生、元来はインド哲学の研究者でサンスクリット語やパーリ語もやっておられたので、私たち悪童連も尊敬おくあたわず、この woman の語源説に疑いを持つはずもなかった。私自身は後に古代英語や英語史も少しはかじり、woman の語源は実は womb + man ではなく、wīf（=wife）+ man であることを知ったのだが（よく考えてみれば、いくら太古の時代とはいえ、女性を「子宮をもった人間」と呼ぶのは、ひねりすぎ、かつ機能主義的すぎるだろう）、それにしても語源というものの面白さに目覚めさせてくれたこの先生に感謝は尽きない。

ところでこの「子宮」womb という語は英語にしかなく、ドイツ語では医学的には Gebärmutter、より一般的には Mutterleib と言う。前者は古高ドイツ語ですでに geburtmuoter として登場し、16 世紀頃から今の形になったようである。一般的な Mutterleib は中高ドイツ語 muoterlîp 以来で、やや歴史が新しい。Leib は Leben や英 life, to live と同じ語源で「肉体、身体」を表すが、時とともに「腹、下腹部、子宮」をも意味するようになって、Leibschmerzen「腹痛」、Leibesfrucht「胎児」、gesegneten Leibes sein「妊娠している」などの表現も生じている。Gebärmutter や Mutterleib に Mutter という語が使われているのは、ラテン語 mātrix「子宮」（< māter「母」）の影響と考えてよいだろう。

しかしながら、ふとしたきっかけでドイツ語にもwomb系統の語がないわけではないことに気づいた。旧約聖書「詩編」131－11の「ダビデの歌」に「あなたの身から出る子を私の王座に着かせよう」という箇所があるが、これを（800年ころの）古高ドイツ語に訳した『古高独語訳イシドールス』（略称*Ahd. Isidor*）を見ると：Dhinera uuomba uuaxsmin setzu ih ubar miin hohstli（H36－18）となっている。現代ドイツ語に直訳するとDeines Leibes Frucht setze ich auf meinen hohen Stuhlということになる。問題はuuombaすなわちwomba「腹、子宮」で、英語wombそっくりではないか。ラテン原文はDe fructu ventris tui ponam super sedem meamで、だからwombaはventer「腹、下腹部、内臓、母胎、胎児」の訳語である。神は男性であるダビデに向かって語っているのだから、このventerとwombaは「子宮」ではなく、「下腹部から生じた子供、子孫」という比喩的な意味であることは明らかであるが、それにしてもドイツ語にもちゃんと英wombと同系語の単語が存在していたのであった。それどころかGraffの『古高ドイツ語語彙集』を見るとまだまだ多くの用例がのっている。不明を恥じつつ中高ドイツ語の辞書を当ってみると、ここにもwambe／wampe／wammeの諸例がたくさん見られる。

この系統の語はゴート語wamba以来さまざまのゲルマン語に伝わっているのだが、語源については定説がない。不思議なことにドイツ語圏では中世末期以来急速に勢力が衰え、初期新高ドイツ語にはまだwampe／wammeとして残っているものの、その後はBauchやLeib、また上で見たMutterleibやGebärmutterなどによって駆逐されてしまったようである。ひょっとすると、ルターが彼の聖書翻訳においてこの系統の語を使用しなかったことも影響しているかもしれない。上記の詩編132－11を彼はこう訳している：Jch wil dir auff deinen Stuel setzen die Frucht deines Leibes. 新高ドイツ文章語の成立にルターの独訳聖書が大きな役割を果たしたことは、周知の事実である。

不得要領のまま私がこんなことをブツブツ言っていたら、あるドイツ人女性が教えてくれた：北ドイツ方面のあまり上品ではない会話なら「太鼓腹」の意味でWammeとかWampeとかはよく使い、たとえばWir haben uns die Wampe vollgeschlagen「たら腹喰った」と言うそうである。ただし外国人は避けた方がよい表現とのことであったが。

そう言えば、「太鼓腹」にはWanstもあり、やはりsich（3格）den Wanst vollschlagenという言い方もあるから、このWanstの前半部もきっとWamme／Wampe、ひいては英wombと同系であるにちがいないという推測はつく。

日本語でもおそらく「張る」や「孕む」と同系の「はら」（腹）を考えてみると、由緒正しい純粋な言葉であるのに、あるいはまさにそれゆえに、現在のある程度品の良い日本語では（文章語でも話し言葉でも）用いられないことに思い当たる。「少し腹が痛い」とか「孕んで三箇月だ」などとはまず間違っても女性やNHKのアナウンサーは言わないだろう。前の例は「おなか」とするか、「腹痛」という漢語にするだろうし、後者も「おめでた」や「妊娠」とするだろう。

どうも微妙な部位を含む肉体を指す言葉は、いつの時代にも古来の表現のままだとストレートすぎるように感じられて、婉曲的な表現に置きかえられるのが常であるらしい。あまりはっきり口に出すべきでないと感じられる行為や名詞は、どんどん新しい表現に駆逐されていく。たとえば私が子供のころまったく普通だった「（お）便所」や「ご不浄」は最近ほとんど耳にも目にもしなくなったようだ。後者など若い人には理解もされないかもしれない。「お手洗い」でさえ、そろそろ古語化しているのではなかろうか。もっとも、子供のころの私も老人たちの「はばかり」は奇妙だったし、まして古い小説などで見る「雪隠（せっちん）」や「厠（かわや）」「後架（こうか）」は古語辞典に属す言葉だった。明治時代くらいまでは日常会話でも普通だったというのに。

このへんの事情はドイツ語でも同じことである。「トイレ」はフランス語由来の Toilette［tɔalɛ́tə］が普通となって auf die（または zur）Toilette gehen と言う（仏 toilette、英 toilet の原義は「小さい布」で、それが「化粧道具」、さらに「化粧部屋」へと転じた。ラテン語 tēla「織物」が出発点である）。古くは Abtritt（< abtreten 退出する）や Abort（北ドイツ由来で原義は「離れた所」）という Euphemismus（婉曲表現）が用いられた。後者 Abort は今でも役所用語には残っているものの、もう日常語からは abtreten していると言ってよい。今は Toilette の他に Klo、Klosett（英 water closet から）、そして water closet の略語 WC［ve:tsé:］あたりが一般的であり、トイレのドアに 0 という数字（便器を模したという説があるが……？）をつけたところから来た Nummer Null もそろそろ衰退気味のようだ。すべて Euphemismus および外来語である。こう考えると日本語の「便所」は現在の語感では確かに相当ストレートである。「雪隠」と同じくもともとは宮中や寺院の用語だったので、それほど不潔感がなく、中立的な言葉として浸透したのではあったが、そろそろ退場の時期なのだろう。

7　出もの——その1——

出ものはれもの所きらわず、というが、ドイツ語にはこれに似た表現はないようだ。ひとつ独訳を試みてみよう。「出もの」は普通「おなら、屁」とされるが、「出来もの、おでき」と似た言葉だから、「はれもの」と同じ吹出もののことと考えることもできるだろう。しかしそれでは意味があまりに一方づいて面白くない。やはり出ものは「おなら、屁」と解する方がいいようだ。さてこれに対するドイツ語は die Blähung が一般的である。医師も使えば、日常の（下品でない）会話でも使われる。しかつめらしくラテン語で der Flatus と言う医師もいるが、実はこれも「風が吹く」という動詞 flāre の派生語で、ドイツ語の Blähung の元になる動詞 blähen「風が吹く」と元来は同じ語なのである。「ふくれ上る」というのが根本の意味で、独 Ball、blähen、blühen、Blume、Busen、英 ball、blow、blossom、bosom、さらには独 Phallos、英 phallus とも同系統となる。

このBlähung は医学用語にも日常語にも用いられるので、だいたい日本語の「おなら」に当たると言ってよいだろう。「鳴る」から作られた女房言葉にちがいない「おなら」は、その出自から今でも基本的には女性語だが、母親の子供に対する影響が強い日本社会では、成年男性の会話でもていねい語として定着しつつある。これに反し独 Blähung にはそのような男女差や、ていねい表現としての色彩はついていない。老若男女、時や所を問わず使うことができる。

さてこれに反し日本語の「屁」はやたらに使うわけにはいかないことは誰でも知っている。ほぼ男性のみの、しかも上品さを心がけねばならぬ会話では使うわけにはいかない単語である。医師も使わない。もともとはその音に由来する漢語（俗語）で、「放屁」というような漢語的な言いまわしで使われたのが、少し語形を変じて「へ」となった。私なども滅多に口にした記憶がない。

ドイツ語でこれによく似ているのがder Furzである。辞書にも〔卑〕とか〔俗〕とかあって（独独辞典にも „derb“)、人前で口に出すべき語ではない。森鷗外の『ヰタ・セクスアリス』におそらく日本文学史上初登場のFurzが見られる：

> あるとき独逸（ドイツ）人の教師が化学の初歩を教へてゐて、硫化（りうくわ）水素をこしらへて見せた。そして此瓦斯（このガス）を含んでゐるものを知ってゐるかと問うた。一人の生徒がfaule Eierと答へた。いかにも腐った卵には同じ臭（にほい）がある。まだ何があるかと問うた。僕が起立して声高く叫んだ。
>
> 『Furz!』
>
> 『Was? Bitte, noch einma!』
>
> 『Furz!』
>
> 教師はやっと分かったので顔を真赤（まっか）にして、そんな詞（ことば）を使ふものではないと、懇切（こんせつ）に教へてくれた。（以下略）

さてこのFurz、英語ではfartであるが、卑語とはいえなかなか古い来歴を誇る。いや「卑語とはいえ」ではなく、「卑語・俗語であるゆえに」と言うべきだろう。人間生活に不可欠の単語であるのは、「食べる」や「飲む」「眠る」などと同じである。だから古高ドイツ語、古英語、古ノルド語などにも登場するのは当然である。最古のゲルマン語文献であるゴート語に見られないのは、それが聖書の翻訳であるという資料上の制約による。もしゴート語の日常会話書が編まれていたら、そして卑語・俗語の類も含まれていたら、きっと登場したことだろう。ギリシャ、ラテン、サンスクリット語などにももちろん同語源の語がたくさん見られ、もともとは「プー」とか「フー」という擬音だったので、どれも似ているのは当然である。

この卑語ないし俗語 Furz は、民衆的口語も文献に多く登場するようになる中世俗文学には頻出するのだが、しかし真面目な文章の中で堂々とおおっぴらに使ってはばかるところがないのが、かのマルティン・ルター大先生である：

Wenn das argument nicht hilft, quod christianus est sine lege et supra legem, so weise man jn flugs mit einem furts ab.（サタンと争っているとき）律法もなく、律法を逸脱してしまったキリスト教徒とはいったい何者であるか、と論争してもききめがないようなら、一発屁をかまして追い払うのがいいのだ。

有名な『卓上語録』（Tischrede）の一節である。この他にも「私はしばしばサタンを放屁で追い払った」なども出てくる。ルター本人の著述ではなく、友人や弟子、客人たちと食卓を囲みながらの気楽な発言を何人かがメモしたのが『卓上語録』だから、このようないきいきとした話し言葉が伝えられたのである。ルターは日常会話ではかなりくだけた、卑にして俗なる表現を好んだようで：

So ihr nicht rülpset und pfurzet, so hat's euch nicht geschmecket.
　食べた後でゲップもおならも出ないなら、うまくなかったということだ――というのも伝わっている。

しかし、いくらルター先生が半公然と使ってくれたとはいえ、今日なお Furz およびその動詞 furzen は日陰者の存在である。まして外国人は積極的には口にも筆にものぼらせない方が安全である。どうしても使わざるをえないときは上述の Blähung がベストで、それ以外には Wind「風」、Luft「空気」、Gas「ガス」などの比喩的な言葉に頼るのがいいだろう。

だから「出ものはれもの所きらわず」の独訳も、Luft oder Geschwulst（「できもの」）kommt raus, wo und wann es ihr beliebt あ

たりに落ちつくだろう。

『ティル・オイレンシュピーゲル』より

8　出もの——その2——

出ものは普通おならとされるが、おできのことも言う。さらに私の個人的な感じでは口から出る「げっぷ」「おくび」の類も広義の出ものとしていいように思われる。自分の意図と関係なく、所と時にかまわず出てしまうのだから。

日本語の「げっぷ」が擬音であるのはすぐわかる。大昔からあったにちがいないが、俗語だから文献に書き留められたのは遅れて近世になってからである。文章語として古来用いられているのは「おくび」（噯、噯気）で、これならば下品ならざる会話にも、また医学語としてもいつでも通用可能であり、それどころか語源があまりはっきりしないところから「げっぷ」とは無縁に「おくびにも出さない」という表現さえ定着している。「おく」は「息」で、「おくびき」、息吹が「おくび」となったものと推定されている。「噯気」は中国語の語形を借りてきたわけで、「おくび」という発音の日本語とは直接には関係がない。

さてドイツ語では rülpsen が一般的で、前節にも引用したルター先生の So ihr nicht rülpset und pfurzet「食べた後でげっぷもおならも出ないなら」あたりが「古典的」な例としてよく知られている。日本語の「げっぷ」と同じく、大昔から使われていた擬音に違いないが、文章に登場するのは（多分ルターあたりの大胆さに影響されて）17 世紀くらいからである。rülpsen は俗語ではあるが卑語ではないので、日常会話に用いるのは問題ないが、もう少し上品な会話で、あるいはニュートラルな医学用語として用いたいなら動詞としては aufstoßen、名詞なら das Aufstoßen がよいだろう：Nach Sekt habe ich immer Aufstoßen「シャンパンを飲むといつもおくびが出る」; Das Baby muss nach der Mahlzeit aufstoßen「赤ちゃんは乳を飲んだらげっぷをするものだ」。Aufstoßenとは腹の中から空気が「突き上げ」ることで、正確ではあるがとくに面白味もない。

ところでこの最後の例文、しばしばDas Baby muss nach der Mahlzeit ein Bäuerchen machenという形でも登場する。BäuerchenはBauer「農民」の縮小形だから文字どおりに訳せば「小百姓をする」ということになる。なんで「ゲップ」が「小百姓」なのか、すぐには見当がつかなかったが、少し頭をひねってみて、ひょっとすると農民に対する差別意識の現れかもしれないと気がついた。人前でげっぷをするという不作法さを、百姓イコール不作法な田吾作というイメージと結びつけて出来た表現なのだろう。そう言えば、ルターなどのrülpsenよりずっと早く中高ドイツ語にrülzという名詞は登場していて、「粗野な農夫、田舎者、田吾作、不作法者」という意味である。人前でげっぷやおならを平気でする人間すなわち農民というわけだ。人間になくてはならない農作物を生産する貴重きわまりない存在である農民を、土臭く、粗野であるとか、愚昧と見なして軽視する悪癖は残念ながら洋の東西を問わない。日本語の「百姓」はもともと貴族や官吏以外の、「あらゆる姓氏の公民」のことだったが、公民の大部分が農民だったから、自然と農民を指すようになった。江戸時代末まで「百姓」は農業従事者という公式的身分兼職業名でありつづけたのだが、江戸時代中期以降、とりわけ非農業的巨大都市江戸が文化の中心となると、土くさい、肥料くさい農民を見下す傾向が顕著となり、「百姓」は蔑称化してしまった。明治維新の後は官吏・軍人・商人のみがはばをきかす傾向はいっそう強まったから、現在の日本語における「百姓」はほとんど蔑称ないし(本人が使う)戯称となっている。

ドイツでも事情は変わらない。中世末期、都市が発達して都市市民層が増えるにつれてBauerはからかいの対象になっていく。たとえばWas der Bauer nicht kennt、frisst er nicht「百姓は自分が知らないものは食べない」という諺もよく聞く。「縁なき衆生は度しがたし」ほどの意味なのだが、essenではなくfressen（動物がガツガツ食べること）を用いているところにも軽蔑感が現れている。私もドイツのある結婚パーティで、農家の人たちが大御馳走である鹿肉料理を「これはきっと魚だろう」と言って敬遠し、あとで口惜しがっていたのを目撃したことがある。そのときもだれかが小声でこの諺をつぶやき、周りの人たちがニヤニヤしていたが、魚好きの日本人たる私には「魚だ！」といって敬遠されたことのショックのほうが大きかったので、この諺がその場にドンピシャリで大いに受けていたことはあまり意識にのぼらなかった。

上にもふれたように、江戸が日本文化の中心になって以来の農民や田舎者への軽蔑ははなはだしく、江戸中期以降の戯作などには読むに堪えないほどの差別表現が出てくる。日本にくらべると文化的中央集権主義がはるかに少ないドイツでは、地方性ないし田舎流儀への差別意識はずっと少ないのだが、それでもBauerntumへの軽蔑は歴然としている。ちょっと辞書をのぞいてみてもein richtiger Bauer「まったくの田舎者」、Bauernfängerei「（農民相手の）見えすいたぺてん」、bauernschlau（農民のように）小ずるい」などが見つかるし、bäurischという形容詞ともなればもっぱら「土くさい、粗野な」を意味する。これに対しBauernbrot「（質実な）農家風黒パン」、Bauernfrühstück「（具だくさんの）じゃがいもオムレツ」などはむしろそのたっぷりした実質に着眼していて、日本語の「いなか饅頭」などと同じく、あまり差別感情は含まれていないようだ。

実はBauerのそもそもの語源は農業とは無関係である。sein動詞binやbist（また英beやbeen）にも名残を留める印欧祖語 *bheu「存在する、成長する、居住する」が出発点で、もともとは「一緒に住む人」の意味だったのだが、中世になって貴族や都市民から見た「農村に共同して居住する人」すなわち「農民」となったのである。「居住者」の意味は同語源のNachbar「隣人」に保持されている。動詞 bauen「建てる」も同源で、「共同居住者たちが住む→農作業をする→建てる」となったらしい。「農作業」という意味は今も Ackerbau「耕作」や動詞 bebauen「栽培する」に残っている。

J. Amman 画「農民たち」

9 トイレ

ついでにもう少しゲルマン族やドイツ人のトイレ事情について考えてみたい。私は格別この方面の専門家ではないので、大方は *„Reallexikon der germanischen Altertumskunde“*（新版）の „Abort“ 項の受けうりにすぎないのだが（この見出し語が Abort という中立的な、あるいはお役所的な文章語であることにご注意。Toilette や Klo、Klosett、WC などの俗語ないし口語を使うわけにはいかないのである)。

古代ゲルマン人はトイレという特別な設備は知らなかったらしい。敷地の片すみや野原、寒い冬には家畜小屋などを適当に使っていた。すでに古高ドイツ語や古ノルド語に feldgang ／ vallgangr という語があって、「野良仕事に出る」という本来の意味の他にトイレに行くことをも意味していた。もちろんこれも比喩的な婉曲表現である。私は明治生まれのある人が「朝のお勤め」と言っていたことを思い出し、また日本の登山家たちが「大」のことを「雉を射つ」と言うのを思い浮かべる。そう言えば日本でも長いあいだ庶民は特別なトイレなどは知らなかった。自分が汚れないよう高足下駄をはいて、適当にそのへんでやっているのが「餓鬼草子」などの絵巻物に描かれている。後は野良犬がすぐ処理してしまうのだ。もちろん貴族や高位の僧などは「おまる」を用いたことが文学作品で確認されている。

ゲルマン人とはちがって、早くから都市生活を享受していたローマ人は立派なトイレをもっていた。公衆浴場や競技場には間仕切りのないベンチ式の公衆トイレが不可欠だったし、中流以上の家庭にはもちろん専用のトイレ小部屋があり、たいていは婉曲に sella「椅子」と呼んでいたようだ。

ゲルマン族の文明化は、このローマ文化と一体となったキリスト教を受け入れることによって始まった。教会や修道院はローマ式のトイレを備えており、これがまずゲルマン貴族の邸宅に取り入れられ、そして中世盛期には都市の富裕層にも普及していったわけである。もちろんいつの時代にも便利な「おまる」(Nachtstuhl, -topf)が併用されていたのは当然で、だからあちこちの立派な旅館にトイレがひとつもなかったとか、また都市では深夜になるとおまるの中身が家々の窓から降ってくるので、深夜の外出にはその対策を講じておく必要があった、とかの奇異な事実が存在するのである。

敷地内にトイレを作っても汲み取ることはあまりせず、一杯になると埋めてまた別のところに簡単な小屋を作ることが多かったらしい。公衆トイレは間仕切りがなく、隣り合った人と世間話をしながら用を済ますのが一般的で(今も兵舎の簡易トイレや中国の公衆トイレはこの方式である)、だから中高ドイツ語では公衆トイレをふざけて sprâchhûs「会議所」とも呼んだとのことである。現代ドイツ語でこのタイプのトイレを Latrine(<ラテン語 lavātrīna「手洗い所」; 英 lavatory)と言うのだが、そこから作られた Latrinengerücht や Latrinenparole「いいかげんな、あてにならない噂話、デマ」もこの隣人同士のおしゃべりの方に意味が移って成立したものである。単なる Gerücht と比べるとどうもトイレの臭気がついてまわるような気がするが。

もっとも古来トイレはあまり目立たない、うす暗い所にあるのが普通だったから(今の日本ではトイレの意味ではほとんど死語になったと言っていい「憚(はばか)り」がその代表だろう)、お化けや魑魅魍魎、ヨーロッパでは悪魔や Dämon の出現する危険な場所と感じられるようになったのも理解できないことではない。現在のトイレは明るく清潔になって妖怪の出る幕はないように思うが、それでも日本の学校や旅館のトイレにはさまざまの怪奇譚がついてまわっていることは周知のとおりである。

だから昔のドイツ人たちもトイレにはなるべくだれかと一緒に連れだって行き、悪魔などにつけ入られるすきのないように声高で陽気なテーマをしゃべったという心理背景も、Latrinengerüchtという表現の背後にはあるかもしれない。用便、ことにgroßes Geschäftはきわめて孤独な集中作業だから心身のガードがおろそかになり、悪魔にとりつかれる危険度が高いと古人は考えたのだろう。くしゃみをすると一瞬身体から魂が飛び出てしまい、そのすきに悪霊に取りつかれるので、まわりの人が〔独〕Gesundheit!（〔英〕God bless you!）とすかさず言ってやり、または自分で「こん畜生！」とか「糞喰め→くさめ！」とかの罵言を吐いて悪霊を追い払ったりする（日本）のと、心理的に共通する態度と思われる（もちろんGesundheitのこのような本来の意味は今はだれも知らず、くしゃみイコール風邪の兆候として「お大事に」と言うのだと考えられている）。

蛇足ながら、少なくとも現代のドイツではトイレにまつわる怪談など皆無に近いとのことである。近年公衆トイレや駅のトイレが水洗（どころか複雑な機能つき）で非常に明るく清潔になりつつある日本もドイツの先例にならって（とはいえ、ドイツの駅トイレなどは日本に比べるとまだまだ不潔かつ不便なのが多いのだが——）、トイレ怪談の類はそのうちに無くなってしまうのだろうか。水洗であっけらかんと流してしまえるのだから、以前は下の方の暗闇にひそんでいられた神秘的な存在もどこかに立ち退くしかないのだろう。

10　蜂蜜スライス　Scheibenhonig

下がかったテーマが続いたが、ついでに、その本命たる scheißen「糞をする」についても見ておこう。まともな動詞としては下品すぎて、そう日常耳にする言葉ではないのだが――動物についてなら多少気楽に使うが――、これの名詞たる（die）Scheiße「糞」は「くそ！　いまいましい！　チェッ！」の意味の間投詞としてドイツ語圏ではいやというほど聞かされる。あるとき、大学の寮のトイレに座っていたら、だれかが入ってきて、すでに使用中であるのに気づいて „Scheiße!“ とつぶやいて出ていったので、おかしくてたまらず、そのままクスクス笑っていた経験がある。

英語でも “shit!” と言い、独 scheißen と同語源らしいことはすぐ見当がつく。ともに印欧祖語の *skēi-「分ける」に由来し、だから独 scheiden「分ける」や、英 to shed「脱皮する；（涙など）こぼす」とも同語源で、「身体から分離していくもの」の意味である。そういえば医学的に「排泄物」と言いたいときは学術的な Ausscheidung を用い、Scheiße と言ってはいけないのだが、でも結局のところは「身体から分かれていくもの」という点では語源も意味も同じなのである（日本語の「脱糞」も似た発想の表現のようだ）。

この語はドイツ語でも英語でも中世から登場しているが、まずはじめは家畜に関して使われることが多く、次第に人間についても用いられるようになったが、とりわけ民衆の表現が文献に残されるチャンスが増えるにつれて頻繁に見られるようになるのは当然である。罵り言葉ないし間投詞としての独 Scheiße! や英 shit! の登場は文献上は比較的新しいが、日常語ではずっと古くから存在したにちがいない。現代フランス語で独 Scheiße! や英 shit! に対応する

merde! も俗ラテン語 merda! からで、すでに 13 世紀頃には文献にも登場している。これを要するに、自分自身や他人を罵りたいときに体内からの排泄物を純医学的に（または貴重な肥料として）ではなく、「汚物」として感覚的に把握し、言葉として浴びせかけるのは、洋の東西を問わず共通であるということだろう。——ところで日本語の「くそ！」は、よく考えると本来は「くそ喰らえ！」の意味だと思うのだが、どうも英、独、仏のどれにも「喰らえ！」の部分まで付けた表現はないようだ……。もっとも、こういう微妙なことを懇切ていねいに解説してくれそうなインフォーマントもあまり私のまわりには見当たらないので、確信をもって言えることではないのだが。

ただしドイツ語にはとてもポピュラーな beschissen という形容詞がある。bescheißen「糞をひっかけて汚す」の過去分詞だから「糞をひっかけられた」から「くそいまいましい」「ペテンにかかった」などの意味となり、Du hast einen beschissenen Job「君はくだらないアルバイトをしているんだな」などと頻繁に使われる。もちろん俗語で、きちんとした会話や文章に用いるわけにはいかない。外国人はこういう俗語はあまり使わない方がいいし、まして女性は避ける方が安全である（Scheiße! も）——と一応は申しあげておこう。外国人であろうと女性であろうと、言いたいことはちゃんと効果的に言いたいのだと思われる方はもちろん御自由に。

下品になりたくはないが、しかしどうしてもムカツイて Scheiße! と言いたいときは、のどまで出かかった Scheiße の後半 -ße をちょっと抑えて、Scheibenhonig! と言うことをお勧めしたい。Scheibe は「薄切りの一片、スライス；円盤」なので Scheibenhonig は「巣のままスライスした蜂蜜」ということになるが、実際はもうだれも蜂蜜のことなど考えているわけではない。Scheiße! をほんのちょっと上品に（つまり中品程度にして）言っているだけなのである。同じようなのに Scheibenkleister もあるが、「スライス状の接着剤」とか「ドロリとした（まずい）スープ」とかの辞書にのっている原義は完全に消失していて、ただ単にScheißeとははっきり口に出したくない場合の代用表現にすぎない。試みに２、３のドイツ語ネーティブスピーカーにScheibenkleisterの「原義」を聞いてみたところ、だれも知らなかった。

どこの国でも便通に関する表現は婉曲語法となる。日本語でも公式の場でウンコやウンチという、もとは息張りの擬音であったにちがいない幼児語ないし家庭語を使用する人はまずいないだろう。古語では「放つ」の意味の「まる」を用いて「屎(くそ)まり」とか「尿(ゆまり)（＝湯放り）」とか言っていたらしいが、これも今は死語である。こんなとき、日本語は漢語表現に逃げこむという便利な奥の手があって、「便通」「大便」「小便」などを使えばよいことになる。

ドイツ語も同様で、Scheißeはもちろん、「糞便；泥」のder Kotも避けなければならない。これらは（「動物の糞尿」のMistとともに）動物に関してなら使うことは可能であるが（Katzenkot, Pferdemistなど——しかしこの場合も-scheißeは避けた方が無難である）、人についてはよろしくない。

日本語の「便通」に対応するのは（der）Stuhlgangないしその省略形の（der）Stuhlである。keinen Stuhl(gang) habenは「便通がない」、den Stuhl(gang) untersuchenは「便検査をする」である。Stuhlはstehenやstellenと関係する語で、ある程度の高さのある椅子である（普通は背もたれのある椅子で、この点同じ語源ながら背もたれのない腰かけを指す英語stool「スツール」と異なる）。ゲルマン社会では一般人は低いベンチに座り、高位者が高い椅子に座ったから、初めのうちは「玉座」Thronの意味もあったほどだった。

前にもふれたように（38頁）、古代ローマでトイレを婉曲にsella「椅子」と呼んだことも影響しているかもしれないが、時とともに意味の下落が生じ、Nachtstuhl「（寝室の夜間用）」椅子状便器」をも指すようになってzu Stuhl gehenからStuhlgang「便通、排便」

という言葉も出来たのである。そしてこの -gang を除いたのが現今の Stuhl である。おそらく現在のドイツ語では weicher（harter）Stuhl などはそのままストレートに「軟（硬）便」であって、「椅子」というイメージはもう含まれていないようにすら感じられる。英語 stool はもっと極端で、「椅子」の意味にはフランス語系の chair が導入されたために、ドイツ語より早くから「便器」という意味が stool には定着したらしい。

最後に「大（小）便」はややくだけた場合なら großes（kleines）Geschäft「大（小）ビジネス」と言ってもいいことにふれておこう。英語でも同様に do one's business と言うようだ。両方とも冗談めかした表現である。

11　Hanf「麻」と Senf「芥子、マスタード」

ドイツ中世の奇想天外ないたずら者にティル・オイレンシュピーゲル（Till Eulenspiegel）という男がいる。14 世紀ごろ実在したらしく、彼の痛快な、偉いさんを屁とも思わずスカトロジックないたずらをしてまわる話は全国に口伝えで広まっていたのだが、16 世紀はじめにヘルマン・ボーテ（Hermann Bote）という人物が一書にまとめて印刷出版し、これが（当時の印刷文化の波に乗って）大いに読まれて、現在の大方のオイレンシュピーゲル像の原型になっている。彼のエピソードの２つや３つを知らないドイツ人はいないと断言してもよいほどの人気者だが、ただし、たいていの人は少年少女向きのダイジェスト版を読むので、かなり毒のある本当のオイレンシュピーゲル像をあまり知らない。上にも書いたが、彼のいたずらの多くに「うんこ」などの汚物が登場し、また彼が（うんこなどを用いて）やっつけるのが威張った高位高官の連中だけでなく、気のいい貧乏な農民やおかみさんたちやまた身体障害者などまで含まれているのである。子供向けのものにはこれらの話はほとんど採用されないから、オイレンシュピーゲルをただ痛快ないたずらをして威張り屋や金持をやっつける小気味のいい道化者としてしか知らないのが普通である。――同じことが、19 世紀の壮烈な悪童物語『マックスとモーリッツ』（Max und Moritz）にも当てはまるのだが、これについてはまた別のところで――。

私たちが日常気軽に使う表現に「くそみそに」というのがある。じっくりその意味を考えるとゾッとして味噌汁が食べられなくなるかもしれないので、あまり語源の穿鑿はしない方がいいのだが……。

ティル・オイレンシュピーゲルの一話が実によくこの日本語表現を想起させるので、ちょっと紹介してみよう。

庶民の息子ティル・オイレンシュピーゲルは当然なにかの職人になるべきなのだが、そういうことは大嫌いで家を飛び出し、あちこちで適当な職を見つけてその日暮らしをする。ある盗賊騎士（中世末期、時流に乗りきれない騎士たちは野武士のようなものに落ちぶれていた）に小姓として雇われていたティルに、その盗賊騎士は道ばたにはえた麻を示し、「いまいましい植物じゃ。われらの仲間はよくこの植物（＝麻のロープ）によって絞首されるのだから。よいか、今度この植物を見かけたら糞を引っかけてやるのじゃぞ」と命令する。しばらくしてお城の中で食事どき、料理番がティルに地下室に行って芥子（からし）を取ってくるようにと言う。芥子は北ドイツの方言でSenep（標準語Senf）であるが、ティルはこれを（たぶん故意に）騎士が教えた「麻」である北ドイツ語Henep（標準語Hanf）と取りちがえ、芥子壺にたっぷりscheißen（「糞をする」）してよくかきまぜ、料理番に渡すのである。さてそれからの騒動はまさに日本語の「くそみそ」を髣髴とさせるもので、これ以上ここに描写するには及ぶまい。ご興味のある方は翻訳なり原文なりでお読みください（原文は16世紀はじめのもので少し難しいが、現代ドイツ語翻訳がたくさん出版されている）。

さてこのティルがわざと取りちがえたSenep「芥子」とHenep「麻」は韻を踏んでいるが、標準ドイツ語だとSenfとHanfとなり、取りちがえるには無理がある。だからこそ作者もザクセン方言であることを強調し、一般の読者にわかってもらえるよう努めている。「芥子」Senfはエジプトあたりからギリシャ、ローマを経てゲルマン人にも伝わった語で、また「麻」Hanfもスキタイ族から同じくギリシャ、ローマ由来で広まった語である。どちらも中世末期のドイツではよく知られていた言葉であるから、ティルが無智のふりをして両者を取りちがえるのは、道化師としての誇張技巧だが、それを笑う読者や聴衆は結末（まさに「くそみそ」の——）のおぞましさに頭がクラクラしたことであろう。

「芥子」は現在の英語ではmustardだが、これは中英語期にフランス語から採用されたもので（芥子粉を作るとき新ぶどう酒mustを加えることから）、それ以前の古英語ではやはりsenepと言ったのである。

ところで、この中世ドイツ語版の「くそみそ」話は、SenepとHenepの発音がよく似ているところから成り立っているのだが、もしこれを日本語に翻訳するとしたらどうなるだろう。——「麻」と「芥子」ではどうにもならない。注釈で説明するしかあるまい。実際に日本で刊行されている２種の翻訳のひとつ、阿部謹也氏による岩波文庫版ではそうなっている。ところがである。藤代幸一氏による法政大学出版局版では麻を「苧麻〔からむし〕」（麻の一種、日本では木綿の普及以前の代表的繊維だった）と訳して「芥子〔からし〕」と実に巧妙に組み合わせているのである。これ以上の名訳はあるまい。私など舌を巻いて感服するのみである。ただひとつだけ残念なのは、この「からむし」という言葉、現在の日本で知っている人がどれくらいいるだろうか。ちぢみや上布などの織物はこれから作るので、和服好きの人ならだれでも知っている言葉ではあるのだが。

『ティル・オイレンシュピーゲル』より。麻と芥子のシーン

12　ベジタリアン—— *Gemüsist ?!

偶然かもしれないが私の周辺には菜食主義の人がかなり多い。日本人の場合は中高年になって「メタボ」が気になって、というケースが多く、あまり「主義」とは言えないようだが、欧米やインドの人々の場合は宗教的信念あるいは動物愛護の心情にもとづく「主義者」であるのが普通だ。飛行機の食事でもベジタリアン・コースが設けてある航空会社は多い。ベジタリアンという言葉もどんどん知られるようになって、今では菜食主義よりポピュラーのようだ。少し前の日本では菜食主義もベジタリアンもあまり通用せず、「精進料理」などと言い換えてわかってもらったものだが、当今の若い人たちには「精進」も古語となってしまって、むしろ「ベジタリアン」と言った方が通りやすい。こんなところにも英語のグローバリズムが浸透してしまっているということなのだろう——と憤慨してみてもはじまらない。だって「精進」も「菜食」ももともとは外来語なのだから。

ところでこのベジタリアン vegetarian は英語であるが、ドイツ語でも Vegetarier（古くは Vegetarianer)、またフランス語でも végétarien と言う。だれでもわかるように vegetarian は「野菜」vegetable から来ているのだから、ドイツ語やフランス語でも「野菜」を意味する独 Gemüse や仏 l'égume から「菜食主義者」を作ってもよさそうなものだ。たとえば *Gemüsist とか *l'égumiste とか……。だがそんな言葉はない。なぜ？？——答えは簡単である。菜食を主張する人々によって 1842 年のイギリスで vegetarian という言葉が作られ、1847 年、そして 1850 年にはマンチェスターとニューヨークで「Vegetarian Society 菜食協会」が生まれ、その運動がフランスやドイツにも広がった結果、至るところで（語尾変化などをわずかに変えただけで）vegetarianが定着したのであるから。だから日本の代表的ベジタリアンであった宮沢賢治も「ビヂテリアン」という英語をそのまま用いている（『ビヂテリアン大祭』）。

この語がvegetableと関連するのは明らかだが、しかしvegetableから生まれたとは必ずしも言えない。「野菜」の意味ではvegetiveやvegetativeという言葉の方がvegetableより以前から用いられていたからだ。そしてこれらの語はラテン語vegēre「活発にする」の過去分詞vegetus「活発な、強壮な」に由来しており、だからもともとは独wach、英wakeなどと同根なのである。1600年頃に動物、鉱物、植物という３区分が確立し、植物すなわち「活発に成長するもの」として定着したのがvegetivやvegetableである。植物から「野菜」として一般に通用するにはさらに時を要した。「ベジタリアン」という語が生まれたときも、単に「菜食をして、肉食をしない人」という意味ではなく「心身を活発・強壮にする物質である植物・野菜のみを食べ、身体によくない、かつ動物虐待である肉食を否定する人」という主義主張がそこに込められていたはずである。だからドイツ語やフランス語にもこのラテン語由来の語形が取り入れられたのは、当然と言ってよい。*Gemüsistなどが作られるはずもなかったのだ。そもそもGemüseとは豆や野菜などを煮込んだお粥状の食物のことであり（語源は「食物」。Messer「ナイフ」や英meat「肉」と同根）、どこにも「活発・強壮にする」という意味は含まれていないのだから。フランス語l'égume「野菜」も原義は「莢に入った豆」で、それ以上の含意はないのはGemüseと同じである。

蛇足ながら、北国の民であるゲルマン人は新鮮な野菜類には縁が遠く、たとえばSalatは中世末期にイタリアから入ったのだし、また完全にドイツ語のように感じられるKohl（キャベツ）さえ中世末期にラテン語から入ったものである。ではGemüse以前にドイツ語で野菜の総称は何だったかというと、「根菜」Wurzel、「葉物」Kraut、「豆類」Bohne／Erbseのように大雑把な区別をしただけであって、Gemüse以前には「野菜」の総称はなかったと考えてもよいだろう（「植物」の総称としてはGewächsやPflanzeが中世後期ころから登場してはいるが）。

菜食主義の歴史は古く、ピタゴラス、プラトン、ダ・ヴィンチ、ルソー、バイロン、ワーグナー、トルストイ、ガンジーなどの名がすぐ挙げられる。深遠な世界観、人生観からの菜食主義もあれば（動物愛護や宗教的戒律もここに属する）、医学的、健康学上の理由の菜食もある。メタボ対策の菜食主義はもちろん後者である。あのヒットラーも菜食主義だったが、癌予防のためだったと言われている。もし彼がベジタリアンでなかったら、そしてその結果（？）癌になったとしたら、ひょっとしたら近代の世界史は少し別なものとなったかもしれない……。閑話休題。日本は仏教国として長い間ベジタリアンの国だったと言えるだろう。もっとも四ツ足でない魚類や鳥類は聖職者以外には大目に見られていたから、さほど厳格な菜食主義ではないことになる。しかしヨーロッパでも魚は俗説では植物の一種と見なされたりして、肉食には数えられないのが普通だった。断食期間中の修道院でも魚は食べてよかったのである。日本の禅僧なども「山芋変じて鰻となる」とうそぶいて鰻を食べたとかいう話が伝わっている。

そもそも最近の考古学的調査によると、仏教伝来以降も日本の大衆は依然として肉食に親しんでいたらしい。『今昔物語』などにしきりに肉食を否定するエピソードが出てくるのも、なかなか古来の肉食をやめようとしない大衆への仏教側からのプロパガンダと見なしてよいだろう。四ツ足を食べるときは「薬喰い」と称してカモフラージュしなければならなくなったなどというのは、近世に入って、寺院が戸籍役所の機能を帯び、生活のすみずみまで仏教儀礼が浸透してからのことである。

13　Grüß Gott！

「こんにちは！」という挨拶がドイツ語でGuten Tag! であることはだれでも知っている。朝だったらGuten Morgen!、夕方から夜だったらGuten Abend!、「おやすみなさい」ならGute Nacht! であることも知らない人はないだろう。ただし、これらの名詞がすべて直接目的語、すなわち4格であることはあまり意識されていないようだ。実はIch wünsche Ihnenなどが略されていて、「あなたに良き一日を望みます」が原義であるから4格で当然なのだが、「こんにちは（良い天気でめでたい、ここでお目にかかれてうれしい等々）」などの副詞「こんにちは」から発展したにちがいない日本語の挨拶に慣れてしまっている私たちは、4格であることを意識して覚える必要がある。

ところが南ドイツ、オーストリア、スイス方面に行くとGuten Tagの類はあまり聞こえてこない。たいていの場合、挨拶はGrüß Gott! 一本槍で、朝昼夜の区別もなく、しかもAuf Wiedersehen! のかわりにもなる便利な表現である。便利だから何も考えずに気楽に使っているが、少し理屈っぽいタイプの人ならある日突然この表現の文法的形式にひっかかることがあるかもしれない。Grüß Gott! って、文法上はどんな形なんだろう ?!――初歩文法をやったばかりの人なら、Grüßは動詞grüßenの単数2人称duに対する命令形、Gottはキリスト教の神だから冠詞をつけないので少しわかりづらいが、多分grüßの目的語として4格のはず、つまり「（あなたは）神様にご挨拶しなさい！」と考えるだろう。キリスト教世界における敬虔なる挨拶表現として納得がいく……とは思うが、しかしよく考えると、そのへんで出会うだれかれに例外なく――ふつう

Sieで話す相手に対しても――duの命令形を使って「神様にご挨拶しなさい！」というのは少し変ではないか、という気もしてくる。そこで例文の多い独和辞典のgrüßenの項をもう一度ていねいに調べてみると、なんとGott grüß(e) dich! とか、Grüß(e) dich Gott! とかいう例がのっているではないか。dichがある以上Gottは主語と見なさざるをえない。とするとgrüß(e) はもはや単数２人称の命令形ではありえず……しきりに文法書をひっくり返してみると、そう、接続法第Ｉ式の「要求話法」というのに突返しき当たる。Er möge kommen, wann er will（またはwolle）「奴はいつでも来たいときに来るがいいさ」のタイプである。そうするとGrüß Gott! も実はGrüß［dich、euchまたはSie］Gott! で、「神様が（あなたに）挨拶をしてくださいますように！」ということになる。これで文法的・語学的には一応は一件落着となる。

そういえば時折、Sei gegrüßt! というのも耳にするが、これもvon Gottを補って考えて「あなたは神様からの挨拶をお受けになりなさい」という、この場合はduに対する受動命令と解するべきだろうか。Seid gegrüßt! という複数２人称ihrに対する命令形もあるからである。――しかし敬称２人称Seien Sie gegrüßtとは言わないそうだから話はややこしくなってくる。もしかするとSei gegrüßt! もduに対する受動命令ではなく、Gott grüße! を非人称受動にした上での接続法第Ｉ式Es sei（von Gott）gegrüßt! である可能性もある……あるドイツ人に質問してみたが、何たる瑣事にこだわっているのかと大いにあきれられてしまった。duに対する命令形も、非人称の要求話法もどちらもOKであり、つまるところ内容は同じことだから結局どちらでもよく、あくせくそんなことに頭を悩ますのは愚の骨頂であるとのことであった。ついでながらその人の意見では、Grüß Gott! もドイツ人にとっては「コンニチワ」と同じ挨拶でしかなく、Grüßが命令形であろうと接続法であろうと、またGottが１格であろうと４格であろうとだれもそんな事を気にする人はいないのだそうである。シカシ学問トイウモノワ……と反撃したかったが、私ももう面倒になってそのときは止めにしたのであった。しかしここでは執念深くもう少しこだわることにしよう。Sei gegrüßt のタイプが最も有名なのは「アヴェ・マリア」の独語形 Gegrüßt seist du, Maria! であろう。処女マリアが大天使ガブリエルによって受胎告知を受ける場面の言葉（ルカ伝1章28節）にもとづいたカトリックの天使祝詞の冒頭である。ルカ伝原文を（ルター以前の独語訳がすべてこれにもとづいていたカトリック公認の）ラテン語 Vulgata 聖書で見てみると：Ave, gratia plena!「めでたし、恵まれたる女人よ」となっている。この avē、元来は感嘆詞（間投詞）だが、後にはここから動詞 avēre が成立して、その単数2人称の命令形と考えられた。だから最古のダイジェスト版独訳福音書と言っていい古代高地独語 *Tatian*『タツィアーン』（830年ころ）ではここは heil uuis thû (gebôno follu)! (3, 2.)、少し遅れて成立した古代低地独語 *Heliand*『ヘーリアント（救世主）』でも Hêl uuis thu, Maria (...idis enstio fol)! (258) となっている。Uuis は uuesan(=sein) の thu(=du) に対する命令形である。この ave の訳語としての heil と sein の結合形式は何故か後世には踏襲されず、中世末期頃の部分訳聖書や15世紀半ばの初期印刷本の聖書（いわゆる Mentelin 聖書）では Gegrusst seistu (vol der genaden), あるいは Gegrůzit sîstu (von gnâden) のように grüßen を用いるようになっている。ギリシャ語から訳したルターもここは Gegrusset seystu (holdselige) であり、現在の天使祝詞 Gegrüßt seist du, Maria! の直接の手本となっている。

上記のドイツ人にはまた冷笑されるのを覚悟で文法にこだわるなら、この gegrüßt seist du は命令法ではなく、接続法第Ⅰ式による要求話法である。要求話法は1人称か3人称に用いられるのが原則で、2人称 du に使われるのは特殊ケースではあるが。

さて文法のことはひとまず終了として、grüßen の意味である。Grüß Gott! は「神様があなたに挨拶してくださいますように」ということになるのだが、何かしっくり来ない。神様が「やあ、こんにちわ！」と挨拶してくれるものだろうか……と少々こだわっていたある日、次のような中高独語の文章が目に飛びこんできた：Ich unwirdige sünderin *wart gegrüesset* von dem heiligen geiste in minem zwölften jare...das ich niemer möhte erliden, das ich mich zuo einer grossen teglichen sünde nie mohte erbieten「12歳のとき、このあわれな罪人たる私は精霊の呼びかけに会い、もはや日毎にくりかえされる大きな罪悪に身をまかせるわけにはいかないという気持ちになった」。13世紀の女性神秘思想家メヒトヒルト（Mechthild von Magdeburg）の半自伝的一節（ただし上のテクストは14世紀アレマン語の翻訳）だが、この wart gegrüesset（=wurde gegrüßt）を「挨拶された」と考えるわけにはいかない。ひとりでいた12歳の少女に突如精霊の声が降ったのである。してみれば grüessen は「呼びかける」くらいに解するのがよさそうである。そういえば前に引用した古代低地ドイツ語の『ヘーリアント（救世主）』（830年頃）でも、神殿で律法学者たちの間に座している幼児キリストに母マリアが呼びかけるのに grôtian を用いている（819行）。それどころかもっと時代をさかのぼると、「挑発（戦）する」「攻撃する」の意味の用例すら見られるそうなので（古代高地独語、古代英語）、結局この語の原義は「（友好的であれ非友好的であれ）声をかけて何らかの関係を結ぶ」ことあたりに落ちつくのだろう。語源辞典類によればゴート語 gretan（古北欧語 gráta）「泣く」と同系で、「泣くようにさせる」という作意動詞が出発点と説かれることが多いが、「挑戦」や「攻撃」ならば納得がいくけれど、そこから「挨拶」までは距離がありすぎて簡単には理解しづらい。Kluge／Seebold の語源辞典もこのへんの意味発展については苦しんだようで、ひょっとしたら語形の似ているラテン語 grātus「好意的な、好都合な」の影響があるのかもしれないと推測をたくましくしているほどである。

蛇足ながら、日本語の「挨拶」も「会釈」もともに仏教用語で、前者は押しつけたり（挨)、すり寄ったり（拶）して禅問答をすること、後者はさまざまな解釈をほどよく会わせること、が原義だったとのことである。したがって、どちらも単なる形式的な挨拶ではなく、もっと実質的な人間関係を表す言葉だったわけである。この点、「何らかの関係を成立させるために呼びかける」のが原義であったらしい grüßen は、今もなお Grüßen Sie Ihre Frau bestens von mir!「奥様にどうぞよろしく」などと使われていて、それなりの意味の厚みは保っているように思われる。

J. Amman 画「僧侶たち」

14　ややこしい -erei, -elei, -erlei

19世紀半ばから大活躍した諷刺的マンガ家兼詩人であるヴィルヘルム・ブッシュ（Wilhelm Busch 1832-1908）の代表作『マックスとモーリッツ』（*Max und Moritz*）は、もう明治20年には『腕白物語』として日本語に翻訳されている。木版マンガとともに原文の小気味いい韻文も実に洒落た七五調に移してあって、翻訳者の才気に圧倒されるのだが、しかしこのころ盛んだったローマ字運動の一環として全文ローマ字で刊行されたため、あまり知られていないのが惜しい。明治期の翻訳文学についての研究書にもほとんど取りあげられていないようだ。腕白小僧のマックスとモーリッツが、村のありとあらゆる「善男善女」にひどいイタズラをしかけ、最後にはふたりともパン窯で焼かれてアヒルに食べられてしまうという一見勧善懲悪的な筋なのだが、実は作者も読者も彼らのイタズラに（心の中では）快哉を叫ぶという、ちょっとサディスティックな毒のある傑作である。その第2話で村の名人仕立屋が登場する。腕がいいので村のみんなにほめそやされるのだが、これが悪童どもには気に入らない。そこでイタズラが仕組まれるのだが、その前に仕立屋の腕前を讃える原文をローマ字本の名訳と並べて見てみよう。ただしここでは便宜上ローマ字を漢字仮名まじり文に置きかえておく。

Oder wäre was zu flicken,
Abzuschneiden, anzustücken,
Oder gar ein Knopf der Hose
Abgerissen oder lose ――
Wie und wo und wann es sei,
Hinten, vorne, einerlei ――

Alles macht der Meister Böck,
Denn das ist sein Lebenszweck. ――

〈ローマ字翻訳文〉
油の染み抜き、胴着の綿抜き、
ズボンのほころび、ボタンの投げ首、
パッチのつぎ当て、わっちの目当てと
なんでもござれ、あつらえは
可介（べくすけ）殿の仕事なり。

〈これを私がドイツ語原文に忠実に直訳してみると：〉
――あるいはほころびつくろって、
つぎを当てたり、裁ち落としたり、
ズボンのボタンがとれてたり、
はたまたグラグラしようとも――
なんでもどこでも何時でも、
後も前も同じこと――
親方ベックはやりとげる、
なにしろ生き甲斐これひとつ――

ということになるから、ローマ字本のほとんどアクロバティックですらある名訳ぶりが目立つ。まず原文の脚韻（flicken ― …stücken、Hose ― lose、Böck ―…zweck）を「染み抜き―綿抜き、ほころび―投げ首、つぎ当て―目当て」という脚韻類似の試みで再現しようとし、また「パッチ―わっち」という（原文にはない）行中韻 Binnenreim まで敢行している。これはひょっとすると原文 Wie und wo und wann es ist に含まれている w- 音の頭韻に刺戟されたものかもしれない。

原文の意味を踏まえた上で自由自在に意訳し、いきいきとした洒落た口語を作り出している訳者の名人技には脱帽せざるをえない。訳者としてはこれが載った『羅馬字雑誌』の編集者ふたりの名が挙げられてはいるが、両人とも事務的担当者であって本当の訳者とは考えられない。実は私は真の訳者として、当時まだ18、9歳ながらドイツ語ドイツ文学に熱中していた若き日の巌谷小波を想定しているのだが（長兄の巌谷立太郎がこの当時ローマ字会の大立者だったことなど、いくつかの傍証はある——）、しかしここでその問題に深入りするのはやめよう。

さて上記のローマ字訳では「なんでもござれ」となっているところ、原文はhinten、vorne、einerleiで、直訳すれば「後も前も同じこと」であるが、このeinerleiにしばらく注目してみようというのが、実は（ちと前書きが長すぎたが）本項のテーマである。「同一の、単調な、ひとしなみの」ということで、数詞einからできた言葉であるのはすぐわかるが——どうも私はこの語尾-erleiが苦手である。というより, -erei, -elei, -erleiといった接尾辞は、何よりも長年のドイツ語学習歴にもかかわらず-r-と-l-の区別が苦手であり続ける私には鬼門であると言う方が正しい。あいにくドイツ語には、特に口語ドイツ語には-ereiや-elei, -erleiが頻出し、耳で聞いて理解はできても、さてそれを自分で発音しようとするとはたして-ereiだったのか、はたまた-elei、それとも-erleiだったのか、たちまち混乱してしまうのである。よく耳にするこれらの語尾には、しばしばあまり好ましくない反復行為というニュアンスが付いてまわるが、たとえば「（たいした意味のない）おしゃべり」はPlauderei、「不精さ、のろまさ」はBummelei、あまりまともではない「たわむれの愛、情事」はLiebelei、「ありとあらゆる」はallerlei等々、これをきちんと使い分けるのは至難の業である——と嘆いていても仕方ないので、ある日意を決して少しばかりこの難題に取り組んでみることにした。

するとまず最初にわかってきたのがallerleiのタイプ、すなわち

数詞類につく -lei である。冒頭で取りあげた仕立屋名人の「前も後も同じこと」Vorne、hinten、einerlei の einer-、また同じ構造の mancherlei、keinerlei 等はすべて数詞ないし数量的形容詞（または不定数詞）の複数２格（aller-, keiner-, mancher-）に lei がついたものと考えられる（ただし単数の einer- は aller- などの類推による）。中高ドイツ語期にはまだ einer leie ／ leige、maneger leie のように表記されていて、leie の独立性が強い。そしてこの leie ／ leige 等は古フランス語 loi「種類、やり方」から取り入れられたもので、つまり einerlei は「ひとつの種類」、allerlei は「すべてのやり方」を意味したと考えられる。古フランス語の loi はラテン語 lēx「法」の対格 lēgem からの発展形である。複数２格の語尾 -er に -lei がつくから結局 -erlei という２音節ながら、ひとつの接尾辞のように感じられるわけである。この -lei は数詞類だけに付くとは限らず、derlei「そんな種類の」のように指示代名詞の２格にも付きうるが、ともあれ常に -erlei という形をとることになる。

次に -lei を見てみよう。思いつくままにいくつかこのタイプを挙げてみる：Bettelei「物乞い、しつこい無心」、Frömmelei「信心ぶること」、Heuchelei「おためごかし、偽善」、Liebelei「たわむれの恋、恋愛遊戯」。まず気づくのは、すべての語に -eln という動詞語形が存在することである：betteln, frömmeln, heucheln, liebeln. どの動詞にも「あまりまともでないことを反復してする」という否定的な意味がつきまとう。もちろん -eln という動詞語尾はいつも否定的ニュアンスを帯びるわけではなく、lachen「笑う」に対する lächeln「微笑する、ほほえむ」や、tropfen「したたる」に対する tröpfeln「ポタポタと続けてしたたる」のように、軽少化、反復化を表すものも多い。しかし軽少性が卑少性に転じるのはごく自然で、たとえば lächeln が「小馬鹿にして冷笑する」というニュアンスを帯びることは十分にありうる。

さてこの -eln の由来を尋ねてみると、ゲルマン祖語の -ilan-（女

性形 -ilōn-）に至る。ゴート語聖書の翻訳者 Wulfila の名は Wulf「狼（のように強い人）」プラス縮小辞 -il「その小型のもの、子供」、すなわち「Wulf の息子」ということになる。古高ドイツ語では burgila「小さい城市」、turila「小さい戸」、niftila「姪」（nift=Nichte）などの -ila に見られる。どちらかというと南部のゲルマン語で愛好される縮小辞であることは、北ドイツが出発点である Mäd-chen に対し、南ドイツやスイスではこの -il を用いた Mäd-el や Mad-el が普通であることからもわかる。

結局この縮小辞 -il をもとに縮小・軽視・反復などを意味する -eln が出来、その名詞化された語尾 -il にさらに -ei が付いたものが Bettelei、Liebelei などの -elei ということになる。さてこの -ei は少々厄介で、調べてみると、意外にもこれは外来借用語尾なのだ。ギリシャ語・ラテン語の女性名詞語尾、羅 -ia、希 -ía, -íā、が出発点であり、中高ドイツ語期に長母音 -î、または -îe として取り入れられた。たとえば羅 melōdia（希 melōdía）は中高ドイツ語では mêlodîe、羅 phantasia（希 phantasía）は中高独語では fantasîe となった。中高独語の長母音 -î は新高独語において -ei という２重母音に変わるのが原則だから（たとえば lîp「身体」は Leib に、lît「悩み」は Leid になった）、両語とも初期の新高独語では Melodei、Phantasei となったのだが、後にふたたびギリシャ・ラテン語に忠実な Melodie、Phantasie に戻ったのである。これに対し Prophezeiung「予言」などでは、中高独語 profezîe の長母音 î が新高独語で２重母音 -ei に変わったことが明らかである。この外来語の語尾 -îe は中高独語期に盛んになり、まもなく純粋ドイツ語にも付けられるようになるが、この場合 -er の後に付けて -erîe となるのが一般的であった。このころドイツ語に影響が大きかったフランス語に -erie という語形が多かったことも無関係ではあるまい。Buoberîe「破廉恥行為」（新高独語 Buberei）、zegerîe「臆病さ」（新高独語 Zaghaftigkeit）などがその例である。新高独語期になると Hexerei「妖術」、Betrügerei「ぺてん」、Spielerei「おふざけ」、Sophisterei「詭弁」などネガティヴな色の濃い単語が急増する。Juristerei は最初は「法律（事務所）」という中立的意味だったが、やがて「法律沙汰」など否定的色彩が濃くなる。Schweinerei「不潔」、Sauerei「不潔」などは否定的 -erei の典型例と言ってよいだろう。

しかし -erei という語尾ではあっても、行為者を示す語尾 -er に -ei が付くと、その行為がおこなわれる場所や職業を意味することが多い：Bäckerei「パン屋」、Brauerei「ビール醸造所」、Druckerei「印刷所」、Fischerei「漁業」、Malerei「絵画」など。集合名詞「騎兵隊」を表す Reiterei もここに属すだろう。しかし同じ構造のように見えても Fresserei「大食」、Ketzerei「異端信仰」、Schwärmerei「熱狂」、Quälerei「いじめ、虐待」、Rauferei「つかみ合い」、Schlägerei「なぐり合い」などになると、どこまで行為者の -er が意識されているかは微妙となり、結局 Hexerei や Schweinerei のグループとの区別は困難である。善悪や好悪と無関係な中立的職業名（Bäcker、Brauer、Drucker など）に ei が付けばその職業の場所となり、Fresser や Kätzer、Schwärmer など否定的色の濃い行為者に -ei が付くとその行為になる、ということなのだろう。

初期新高独語で書かれた 14 世紀の『ボヘミアの農夫』（*Ackermann aus Böhmen*）において、「馬鹿げた行為」の意味で eselerei（esel「ロバ」）が用いられているが、古典的な中高独語では eselîe が普通である。中高独語 eselîe の -îe にはまだ外国語語尾 -ia が透けて見えるが、初期新高独語の eselerei には蔑視的なドイツ語の -erei が定着していると言ってよいだろう。

さて以上をまとめてみると、

1）mancherlei のように数詞類の２格に付く -lei、つまり結局 -erlei という形で「種類」を表すもの、

2）Bettelei のように betteln という否定的ニュアンスの動詞語尾

に、外国系の語尾 -ei が付いて「軽蔑的（反復）行為」を表すもの。

3）Bäckerei のように行為者の -er に、上記 2）の ei が付いてその行為が反復してなされる場所を表すもの。

4）Plauderei「おしゃべり」や Fragerei「質問ぜめ」のように動詞 plaudern や fragen の語根に -erei を付けて、やや軽蔑的反復性を表す。

5）さらに Hexerei「魔女騒ぎ、妖術」や Sophisterei「詭弁」、Schweinerei「不潔な行為」のように , -erei が名詞 Hexe などにそのまま付いて軽蔑的（反復）行為を表すもの。動詞から作られるのではない点が 4）と異なる。

ほぼこの５種類にまとめることができるようだ。5）の用法は便利なようで、Vaterländerei「（馬鹿気た）祖国愛」、Rechthaberei「独善」、Fremdwörterei「やたらな外国語使用」など、少々意外なほどの自在さで用いられている（もっとも最後の例は Fremdwörtelei も可能で、この場合 fremdwörteln という軽蔑的動詞の存在が前提となる）。

Duden の「文法」などでは、さらに -erei が他動詞に付く場合、自動詞に付く場合 etc の分類も試みているが、私自身は以上の４ないし５種類の分類で十分だと思っている。どうせ実際に聞いたり話したりする場では -elei やら -erlei やら、はたまた -erei やら、私にはごちゃまぜになるのに決まっているのだから。

15　いわゆる敬称２人称について

1400年ごろ、初期新高ドイツ語ないし後期中高ドイツ語散文で書かれたすばらしい小品がある。『ボヘミアの農夫』（*Ackermann aus Böhmen*）と言い、若妻を死に奪われた農夫が、死を相手どって神を裁判官とする法廷で熱い論争をくりひろげるというものである。神の摂理の一部である死に堂々と異議を申し立て、活発な論争の後に神の判決はもちろん死に勝利を与えるのだが、しかし原告の農夫にも栄誉（êre）が授けられるという点で、それまでのMemento mori!「死を思え！」というモットーに覆いつくされてきた中世社会の終焉を感じさせる作品である。

40頁足らずの小品なので、私はしばしば独文科の演習などで使う。レクラム文庫に新高ドイツ語と対訳になっているものが入っており、初期新高ないし後期中高ドイツ語原文と訳文を比べながら読むのも一興である。

ところで、農夫と死は激しく論争するのだが、農夫は常に死に対してirという代名詞を用い、死は常に農夫をduと呼ぶ。irは現代語のihr、つまり２人称複数形で、まだ敬称２人称のSieが登場しなかった頃の敬称代名詞である（敬称Sieの確立は18世紀）。つまりどんなにひどく相手を罵倒していても農夫は、死が自分とは身分ちがいの上位者であること（つまり結局はすべてを統べる神の側の一員であること）を自覚して発言しているのである。たとえばGrimmiger tilger aller leute...ir Tot!「すべての人間の無残なる抹殺者たる貴殿、死神殿よ」という具合。これに反し死はいかなる場合にもduしか使わない。「汝は、お前は……」としか言わないのである。

そして死は自分のことも常に１人称複数 wir で語る。元来は２人称複数であった敬称 ir（=ihr）に１人称でも対応させているわけである。そもそも単数である自分 ego を複数「われら」nōs で表現する習慣は、帝制末期のローマ皇帝のものであったと言われる。

当然ながら臣下たちも皇帝を vōs「あなたがた」と複数で呼ばざるをえない。中世になってゲルマン系のメロヴィング朝やカロリング朝の王や皇帝も公式の席ではこれを踏襲したのであり、その習わしが次第にゲルマン語・ドイツ語にも広まったというわけである。中高ドイツ語の時代には du と ir の使い分けは、ほぼ今日の du と Sie に等しい。「ほぼ」と言うのは、現在のドイツ語では家族の間では年令差に無関係に du が用いられるようになっているのに対し（もっとも、今から数十年前の南独の農村などでは、やはり目上の親族には Sie で話しかける習慣が残っていたという証言もある）、古くは家族間でも目上の者には敬称 ir を用いるのが普通だったからである（とりわけ上流階級において）。

さてそこで上記の『ボヘミアの農夫』の現代語訳部分では死神の自称 wir や uns は大文字で Wir、Uns と書かれて、上位にある単数者の尊大表現であることが明らかにされているのだが、学生諸君はいとも気楽に「私たち」と訳してケロリとしているのが困る……。

この親称 du − ihr が du − Ihr を経て du − Sie に置きかわるのはほぼ 18 世紀半ばと考えられる。貴人や上位者をストレートに呼ぶのが憚られて「あなたがた」と数をあいまいにぼかして呼ぶのは、私たち日本人には心情的に理解しやすい（よく考えてみれば、日本語の２人称呼称は婉曲表現でないものはない！　「あなた」は「あちらの方のひと」だし、「君」は「私の主君たる人」の意味だし、「お前」だって「私の前におられる人」がもとの意味である）。しかし３人称複数にまでぼかして「彼ら、あの御方たち」としてしまうのは、なぜなのだろう？　ひとつの考え方は、敬意のあまり、いっそう距離を置いて第三者の視点から２人称の相手を表現するという心理だろう。不思議な気もするが、しかしこれも日本語を考えてみるとよくわかりはしないだろうか。日本語の対話における相手への呼びかけ「奥さま、旦那さま、先生」などはみな３人称を２人称に転用していると考えられないだろうか？　ドイツ語でも（やや古風ではあるが）Was meint der Herr Doktor dazu?「先生はこれをどうお考えになられますか」のように言うことはある。Was meinen Sie dazu, Herr Doktor? より、ちょっとへり下った感じがある。この３人称表現を代名詞で、そしてしばしば大文字にして敬称としての標識を備えたものがErとSieである。17世紀以降に多く見られる。Frau Wirtin, hat Sie hier gutes Bier?「おかみさん、いいビールがありますかね」。Meister Müller, mahl er das, so schnell er kann!「粉屋の旦那、これをできるだけ早く粉に挽いておくんなさい」。敬称とは言っても、職人の親方や料亭の女将、また召使いなどに対する職業語の色が濃い。

これに対し敬称Sieはずっと一般的である。上記のerやSie（単数）とはちがって複数であることは、17・18世紀に隆盛をきわめた敬語表現Euer Gnaden!「閣下、猊下」の複数形から説明されるのが普通である。「多くの御慈愛をお持ちのあなたさま」というようなことであろう。この新出のSieは19世紀半ばには古来のIhrにほぼ取ってかわっているが、しかしまだ独占的な地位は占めていない。1830年10月のある日、老ゲーテは38歳のエッカーマンと対話し、エッカーマンの青年風議論のほこさきをかわすように「君の主張の立場から私は全然ちがう意見だって述べられるよ」と軽く皮肉を言う：Aus diesem Tone...wollte ich Euch noch ganz andere Lieder pfeifen. 彼らは普通はSieで話しているから、ここのEuchは意図的に、やや見下すような口調の「お前さん」「君」として使われたのだろう。というのも、この時代にはIhrはほとんど「あんた」「お前さん」のごとく上位者が身分の下の者に用いるか、あるいは庶民同士がやや改まって他人に用いる代名詞となっているからである。19世紀初めにたいそう愛好されたKalendergeschichte（暦話――カレンダーに添えられたユーモラスな、あるいは教訓的な小話の類）を書いたヘーベル（J.P.Hebel）の作品を見てみると、若き士官学校生徒のナポレオンは果物売りの女にIhrで呼びかけ、彼女はSieを用いて答えている：„Fräulein, jetzt muß ich fort, und kann *Euch* nicht bezahlen.“ Aber die Obstfrau sagte：„O reisen *Sie* wegen dessen ruhig ab, edler junger Herr...“「娘さん、僕はいよいよ行かねばならぬことになったのですが、支払うお金がないのです……」すると果物売りの女はこう答えた。「どうかそんなことは気になされず、安心してお出かけ下さい……」（*Kaisar Napoleon und die Obstfrau in Brienne*）。これに反し、庶民同士はやや他人行儀の場合たいてい、Ihrで話す。つまりSieとIhrという２種の敬称があり、Sieが本来の尊敬称、Ihrは非近親者に対するていねい呼称（すなわち現代語のSie）と言ってよいようである。そして19世紀も後半になるとSieがIhrをも吸収して独占的となり、現在に至るのである。

『ボヘミアの農夫』の裁判シーン

16　また性の話

ある大学での集中講義のレポートに次のようなものがあった。

アメリカの作家 Arnold Lobel の童話 *Frog and Toad* は日本でも人気のある絵本で、三木卓氏によって「がまくんとかえるくん」というシリーズで翻訳出版されている。この童話はドイツ語にも翻訳されて、よく読まれているのだが、独訳ゆえの問題が生まれてしまうようだ。つまり、がまと蛙は英語文では男性となっており、絵を見ると２匹とも男性の洋服を着ていて、文中でも両者に he という代名詞が使われている。ところがドイツ語ではがま蛙は die Kröte という女性名詞、蛙は der Frosch という男性名詞であるため、少々ややこしいことになる。die Kröte には sie という人称代名詞を使わざるをえないので、英語原文の he とどうも喰いちがいが生じてしまう。日本語の男子的な「がまくん」はドイツ語ではストレートには表現できないらしい。この問題が最も鮮明に現れているのが原文で *"The Letter"*（翻訳では「おてがみ」）という名の物語である。蛙ががま蛙に「君が僕の最善の友人であってくれるので僕はうれしい」（I am glad that you are my best friend）と手紙を書くのだが、独訳では Ich bin froh, dass Du meine liebste Freundin bist「君が僕の最愛のガールフレンドでいてくれて僕はうれしい」となっており、だからタイトルも Der Liebesbrief「ラブレター」となってしまっているのだ。ドイツ人の友人に聞いてみても、なぜ独訳者がこのように大幅な変更をしたのかはわからないが、ひょっとするとがま蛙の文法上の性 die に引っぱられたのかもしれない、という返事だった……。

このレポートに興味を引かれて私もこの絵本の原文と邦訳とは読んでみた。しかし独訳はまだ見ていないので、あまりはっきりした判断はつかないのだが、面白い問題だとは思う。手紙というものをもらったことのないがまを喜ばせようと、親切な蛙が手紙を書く。しかし、配達を頼まれたのがカタツムリなので、やっと4日目に手紙が着き、首を長くして待っていた2人は友情を確かめあってめでたしめでたし、というのが大筋である。英語原題のLetterを独訳者がLiebesbriefと訳したことはたしかに極端ではあるが、必ずしも誤訳とは言えまい。同性同士のラブレターだってあってよいだろうから。しかしmy best friendをmeine liebste Freundinとしたのは、やはり少々度を越した変更と言わざるをえないだろう。Freundinは「女友だち」だから、絵では男性と見られるガマをはっきり女性と言いきり、しかもliebsteを付けることによってただの女友だちではない「最愛の恋人」にしてしまっているのだから。ドイツ語のFreundやFreundinが単なる「友人」よりは「親友」に近く、まして異性について用いるときはほとんど「恋人」を指すことはよく知られている。そもそも英friendや独Freundは「愛する」というゲルマン語動詞（ゴート語frijōn）の現在分詞が名詞として固定したものである。この系統の言葉はたとえば独freien「求婚する；結婚する」によく残っているし、また一見無関係のような英freeや独frei、独Frieden「平和」などもみな同根語なのである。

私はまだ独訳本を見ていないのだが、絵本である以上、絵はオリジナルのままであろう。あらためて原画をじっくり見直してみても、どうもガマ君、カエル君の2人とも男性としか思えず、もしそこに本当にmeine liebste Freundinなどと書かれているのだとしたら、ひょっとしたらドイツ語翻訳者の個人的趣味傾向がもりこまれているのかもしれない――などとあらぬ方向に思いが向かいそうになるのであるが、まさか。もしこのすべてが、がまがドイツ語でdie Kröteという女性名詞であることから派生しているとすると――いつの日にかドイツ語も先輩の英語にならってGenusを放棄することになるまで、まだまだ同じようなケースがドイツ語翻訳者を悩ますのであろう。

〈追記〉以上の話を欧米の童話に詳しいある友人にしたところ、親切で実行力に富む彼はさっさとドイツ語版を取り寄せて見せてくれた。なんたる親切さ！　まるでこの物語のカエル君そのものである！　さてこれを見てまず気づいたのは、ドイツ語版には「翻訳」とは記されておらず、「Tilde Michelsによって新しく物語られた」Neu erzählt von Tilde Michelsと副題として書き添えられていることである。つまり一種の再話であって、忠実な翻訳ではないことをはじめから断っているわけである。問題の「性転換」はベッドで不貞寝しているひき蛙の情景ではじまる。英語文はThen Frog ran back to Toad's house. Toad was in bed, taking a nap. そしてドイツ語はDann lief Frosch wieder zu Kröte. *Sie* lag im Bett und schlummerte.　どう考えてもひき蛙を「彼女」に換える内容的必然性は見いだせない。やはり独Kröteが女性名詞だから、Michels女史はついうっかりと（？）sieとしてしまったとしか考えられない。そしてそのまま「エーイ、ママヨ」と突走って（？）、肩を組んで仲良くベンチに座りながら、蛙が自分の書いた手紙の文章をひき蛙に教えるとき、単なる男同士の友情の手紙を男女間のラブレターに変えてしまったのだとしか思えないのである。勝手な想像でMichels女史には申しわけないのだが、絵は両者ともズボンをはいていて明らかに男であり、同シリーズの他のはなしでも男友だちなのだから、うっかりミスに触発されて、逆に新しい男女のカップルを作り出す喜びを感じて、このように原作を作りかえてしまったのではなかろうか（翻訳ばかりしていると、このような密かな創作をしてみたくなる気持はわからないでもない——）。ご本人に尋ねるのが最善だろうが、どうもそこまでは……。

17　誤訳の種々相

—その1—

某月某日、某大学大学院でのドイツ語演習。講読テキストはH・エガースの『ドイツ語史』(Hans Eggers, *Deutsche Sprachgeschichte*)の第1巻、西ゲルマン語の特徴についてのところなのだが、修士課程の優秀な女子学生Aさんが担当でスラスラと上手に訳していく。夏休みもまじかでけだるい研究室、教師の私をはじめ数人の参加者はいずれもウトウトしかけていたのだが——突如「?!」と全員が目を覚ました。Aさんの口から「西ゲルマン族のキスのときの口の流儀においては」という訳文が流れ出たからだ！　あわてて原文を見つめると：in den westgermanischen Küstenmundarten である。「西ゲルマン語の(北海)沿岸地域の方言においては」というだけの文章である。Küste は「海岸」、Mundart は「方言」、初心者ならばともかく、よくできる院生の彼女がまちがうはずがない……。「君、まさかそんな、Küsse じゃないんだよ。Küste だよ。Mundart を口の流儀だなんて、夢でも見てるのかい」と口の悪い私は文句を言いはじめたのだが、ふと彼女を見るとこれ以上赤くはなれないほど赤くなって、身の置き場もない様子。他の学生たちも一瞬ニコリとはしたものの、もう顔を伏せてテキストを見つめている。これ以上彼女をいじめてはなりませぬ——というような無言の言葉が全員から私に発せられているような気がする。だから「まあ、お若い君たちだからすぐその方面のことを思うのは自然だろうけれども……」などとムニャムニャ口の中でつぶやいて講読をすすめたのであった。どうもこの頃Aさんは誰かさんとのラブロマンスのまっただなか、みんなもそれは知っていたらしい。

さてこの Küste（英語 coast）、実は 17 世紀ころにはじめてオランダ語や低地ドイツ語から標準ドイツ語に広まった単語で、それ以降従来の Ufer や Strand と並んで用いられるようになっている。さかのぼればラテン語の costa「肋骨、わき腹」に至るが、中世ラテン語で costa maris「海岸」の意味をもち、英国やオランダなど海洋国に広まった。フランス語では côte となり、その縮小形が côtelette「（骨つきの）あばら肉、カツレツ」、それを英語に取り入れたのが cutlet、ドイツ語にとり入れたのが Kotelett ということになる。すなわちドイツ語 Küste と Kotelett は同語源なのだが、Küste はラテン語ないし古フランス語から、Kotelett は近代フランス語から借り入れたので、スペルが少し異なるのである。

次に哀れにも A さんが Küste を Küsse と取りちがえたことから「口の流儀」と迷訳してしまった Mundart についてであるが、「口の流儀」で別にまちがいではない。ただその「口」がキスしたり食べたりする「口」ではなく、悪口や語り口などの「口」、つまり「言葉」の意味なのである。

「方言」は英独仏とも、学問用語として 16 世紀頃からギリシャ・ラテン語系の dialect（英仏）、Dialelt（独）を用いるのが普通だが、ドイツでは 17 世紀からその翻訳語である Mundart も多用されている。「語り口の流儀」が原義だから、かつては個人や特定社会層の話しかたについても用いられたのだが、現在はほとんど特定地域の方言として、Dialekt と区別はないようである。

―その２―

これも某大学の中級講読クラス。心理学専攻でなかなかよくドイツ語ができるのに、めったに予習してこず、そのくせ即席のヤマカンでうまく訳しては皆からうらやましがられる B 君に今日も訳読が当たってしまった。テキストは W. Busch の悪童物語『マックスとモーリッツ』、19 世紀半ばの偽善的な小市民社会に悪童ふたりがあらんかぎりのひどいイタズラを繰りかえし、最後には悪運尽きて自分たちが水車小屋で粉に引かれてアヒルに食べられてしまうという絵物語である——残酷な結果なのに、しゃれたリズムの韻文と愛敬あるマンガのせいでもう150年以上も大ロングセラーでありつづけていて、なんとなくドイツ社会のふところの深さを感じさせるのだが、それはともあれ、場面は第4話、中庸を説く道徳家の老レンペル先生の唯一の楽しみは仕事を終えて自宅でパイプをくゆらすこと。部屋着に着がえ、ゆったりと安楽椅子に腰かけて愛用のパイプに火をつけ、嬉しそうにこうつぶやく：

„Ach!" — spricht er — „die größte Freud'
Ist doch die Zufriedenheit!!!"

「ああ、足るを知るのが」と彼は言う、「最大の幸福というものじゃ」

パイプには悪童がたっぷり火薬をつめておいたものだからたまらない、次の瞬間大爆発して、老レンペル先生はひどい目にあうのだが、ともあれ訳読が当たってしまったB君、スラスラと上手に読んだかと思うと、おもむろに堂々とこう訳したのである：「ああ偉大なるフロイトよ、わしはまったく満足じゃ！」

満場まず唖然とし、一瞬後には大爆笑。B君の研究テーマはフロイトであることを皆が知っていたからである。「君、それはひどいよ、このマンガの頃フロイトなんかまだ赤ちゃんだよ。ちゃんと予習してこないからそんな馬鹿な訳を……」と文句を言いかけた私も、しまった、今回はヤマカンが当らなかった——という顔つきで自分も苦笑いしているB君を見ると、それ以上お説教する気もなくなって、来週たっぷり当てるぞと脅すだけにして、別の学生に頼んで先に進んだのであった。

このテキストのFreud'はもちろんFreudeの母音-eを省いたもので、各行を7音節にして次行のZufriedenheitの-heitと韻を踏ませるためである（-eudと-eitは完全な押韻ではないが、一応同音の韻と認められる)。精神医学者フロイト(Sigmund Freud)の苗字 Freud も Freude の変形で、15 〜 16 世紀頃には一般的だった語形である。「喜び」が苗字というのは不思議な気もするが、Tugend「美徳」、Hoffnung「希望」、Streit「闘争」、Zorn「怒り」などという抽象名詞由来の苗字が中世末期から散見するので、そのひとつなのだろう(元来は純粋な名前に付けられた仇名だったらしい。正直正太夫、小言幸兵衛のような。苗字が万人に定着するのはドイツでも日本でも近世になってである)。苗字をつけることが定められたとき、とりわけ東欧地区のユダヤ系家族には官憲から一般ドイツ人とは異なった苗字が押しつけられる傾向があり、その結果ちょっと風変わりな苗字はユダヤ系であることが多い。作家 Stefan Zweig の Zweig は「小枝」、大金融資本家ロスチャイルドのドイツ語名 Rothschild は「赤い看板」、S. Zweig の親友である作家 Joseph Roth は「赤色」という具合である。

さてこの普通名詞の Freude、近年は日本においても、とりわけ年末になると猫も杓子も(失礼!)歌う♬ Freude schöner Götterfunken ♬というベートーベンの「第9」の名曲、シラー作詞の「歓喜に寄す」(*Lied an die Freude*)で実に有名になった。ただ、この「歓喜」と性心理学の大家フロイト先生の苗字とが同一物であることを意識して歌っておられる人はまずないだろう。もっとも Freudenhaus「歓喜の家→売春宿」、Freudenmädchen「喜びの乙女→売春婦」などの合成語を考えると、案外性心理学の大家フロイト先生のお名前との因果の深さに感服する人も出てくるかもしれないが、しかし結局フロイト先生には迷惑な言いがかりというものであろう。

この Freude は、「嬉しい」という形容詞 froh に抽象的女性名詞を作る接尾辞がついたものである。そしてこの froh の原義は「活発な、元気に跳びはねる」であったらしいことが古北欧語や古英語の類語から推測され、あるいは跳びはねる動物である「蛙」Frosch

とも同語源であるかもしれないという説もある。たしかに嬉しさのあまり蛙のようにピョンピョン小躍りするのは、人間にも犬にも（猫にも？）共通する事実だが、しかしだからといって蛙のジャンプが常にその蛙の喜びの表現とはかぎらないだろうとは思うのだが――まあこの話はこのへんで。

W. Busch: „*Max und Moritz*"の明治 21 年、ローマ字会、渋谷新次郎による翻訳書挿絵より。

18　見事さと時間の関係

同じ年齢の友人から手紙が来て、「すべて順調、快食、快眠、快便です」と書いてある。最近あちこち衰え気味の私にはうらやましく、「愚生の方は不快食、不快眠、不快便で、ただ快飲のみのありさまです」と情けない返事を出した。しばらくの間この「快」という字が心に引っかかったので白川静氏の『字通』を読んでみた。すると偏の「小」は心の意符、つくり（旁）の「夬」は手で鋭い刃物をもった形で、これでものをプッツリと分断すること、その勢いは快感をさそい、また快いスピードをも意味するとのこと。なるほど、「快刀乱麻」そのものだ。プッツリ、スッパリ、さっさと、スラスラなどの表現の複合体が「快」であるらしい。だからたとえば快速電車は特急や急行より快適な速度の列車であるはずだが、実際は阪急も京阪も近鉄も鈍行の一種で……などとあらぬ方向に思いが行く。そしてドイツ語だと「快速列車」は一応 Schnellzug ということになる（一般には急行券不要の普通急行列車 D-Zug のこと）が、そこでふと思い出したのだが、中世ドイツ文学の最高傑作（のひとつ）『ニーベルンゲンの歌』（*Nibelungenlied*）の一行：Dancwart der vil snelle「たいそう勇敢なダンクワルト」（９節２行）である。この der vil snelle は der sehr Tapfere の意味であって、別に「すばやき者」のことではない。また古高独語の英雄詩『ルートヴィヒの歌』（*Ludwigslied*）にも snel indi kuoni「勇猛にして果敢なる」（51 行）（現代独語 tapfer und kühn）とある。古低独語（古ザクセン語）や古英語にも類例は少なくない。ただしこの形容詞 snell が副詞 snello（古高独語）、snelle（中高独語）となると「すばやく、敏速に」のニュアンスが強くなり、また中高独語では形容詞 snell も現代独語と同じ時間的用法が急増する。古風なゲルマン英雄叙事詩では「勇猛な」であるが、時とともに勇敢さから、手ぎわのよさ、すばしこさという時間概念に意味が移ってきたと言えそうである。「快」の意味発展と類似していて面白い。schnellの語源は未詳だが、尖鋭的な動きを表すゲルマン語の擬音sn-を出発点としているらしい（類例はschnappen「パチンと音をたてる、ガブリとかみつく」、Schnabel「（鳥の鋭い）くちばし」など）。

こんなことをとりとめもなく考えていたら、もうひとつよく似た例が浮かんだ：現代独語bald「まもなく、すぐに」である。実はこの語はschnell以上に「勇猛な、恐れを知らない」の意味が強く、時間的な「まもなく」に決定的に変化したのは中世も末期のようである：der degen küen unde balt「大胆にして勇猛なるもののふ」（『ニーベルンゲンの歌』43節4行）。副詞baldeにしても『ニーベルンゲン』では「見事に、しっかりと、ちゃんと」などの意味でしか登場しない。他の古ゲルマン語も同様で、とりわけ英語においては今日に至るまでboldは「大胆な、勇気ある」しか表さない。このbaldの最古例はゴート語のbalþeiであるが、語源はおそらく印欧祖語*bhel-「ふくれる、膨張する」にあると考えられている。だから英ball、独Ball「ボール」や独Busen「乳房」、Bauch「腹」、独Beule「こぶ」、英bud「芽」、などと関係があることになる。つまりbaldは「堂々と大きく胸をはった」というくらいの意味だったのだろう。これが副詞として「見事に、堂々と」から「きちんと、ちゃんと」を経てドイツ語baldの「すぐにでも、まもなく」に変化したわけである。

よく考えてみると日本語の「すぐに」も元来は「まっすぐに」という空間的・場所的な意味が根本であり、それが「心すなおに」などの精神的意味をも経て（たとえば「心すぐなる者にて」など）、現在は時間に関してのみ用いられるようになっているらしい（江戸時代の道しるべに「すぐ　三条大橋」などと彫ってあるが、これは右でも左でもなく直進すれば三条大橋に至るということで、時間的な「すぐ」ではない)。

連想があれこれと広がって読者諸兄姉を混乱させるといけないのだが、ついでにschönとschonも同じパターンに属することにふれておこう。これもゲルマン語の最古例はゴート語のskaun(ei)sで、印欧語*(s)keu-「見る、注目する」(独schauen、英showなど)の派生語であり、「見るべき、見るに価する、見事な、美しい」を意味した(日本語の「みっともない」が「見とうもない、見たくもない」から、「みにくい」が「見るのがつらい、見るに堪えない」から来ていることが思いおこされる)。形容詞は古高独語scōni、中高独語schœneという形を経て現在のschönに至っているわけだが、これから作られた副詞が古高独語scōno、中高独語schōn(e)で現今のschonとなる。この副詞は長いこと「美事に、立派に」の意味しか持たなかったのだが、上に述べたschnellやbaldとよく似た過程を経て13世紀ごろには「美事にやった、きちんとできあがった」から「もうすでに(できあがった)」に意味の重点が移ったのである。

「とても、大変、非常に」など元来は濃厚な自己主張をもった単語が、殊に副詞としてたくさん使われるようになると、そこに一種のインフレ現象がおこり、内容が薄まってほんの少しの強調しか示さない、あるいは単なる口調上の埋め草になってしまうことは、どの言語にも共通であるらしい。日本語の「ものすごく」や「滅茶苦茶に」(関西方言では「めっちゃ」)は今ではちっとももものすごくも、滅茶苦茶でもないが、これはドイツ語のsehr(元来は「痛いほど」で英語のsoreなどと同根、日本語の「いたく」と同発想)やwirklich「本当に」、wunderbar「おどろくほど」などにも当てはまる。上述のschnellやbald、schonも大きく見ればやはりインフレ現象のひとつではあろうが、しかし時間領域に方向転換をした上でしっかり独自の道を歩んでいる点で、中身がすり切れかかっている「ものすごく」や「めっちゃ」、またsehrと同列にはおけないのである。

〈追記〉冒頭に紹介した快食、快眠、快便の快男児のフランス文学者Ｍ氏、ふと病みついて、わずか数カ月で昇天してしまわれた。見事さの「快」が時間的「快」に変化するのを身をもって示してくれたようで、私は呆然とするのみである。この小著も彼に進呈して、共に「快」について歓談するつもりだったのに。だらだらと現世に執着するのは不快だよ、と天上から私に語りかけてくれているような気もする。

19　sündig――「つみづみしい」？

だれにもわかる共通語であると思って使っていた言葉が、方言だったり、あるいは自分の家族独自のものだったりするのに気づいて驚くことがある。関東弁の私は「歩いて」を「歩って」と言って笑われ、「水仙」と言ったつもりなのに「水洗（トイレ）」と誤解され、また逆に関西の発音が「詩」と「死」を区別しないのに驚く。これらは方言の問題だが、家庭内だけの通用語（Jargon）も、それを自覚していないとショックを受けることがある。私の母は一応クリスチャンであったが、同時に仏様もやおよろず（八百万）の神々も大好きな、つまり宗教的におおらかな典型的日本人のひとりであった。その母がよく使う言葉に「つみづみしい」というのがあり（たとえば「ご飯を残すなんてつみづみしいわよ！」）、私たちはそれを「罪々しい」、つまり「罪深い、神仏の罰が当るような」と理解し、殊に私はそれがだれもが知っている言葉と思っていたが――ある日、古高独語の演習で、ラテン語の peccātum「罪」はほとんど常に sunta, sunda（現在の Sünde）で訳されること、peccator「罪人」もたいていは形容詞 suntâg, sundîc の名詞化で独訳されることを話していた（ちなみに古高独語や古低独語の文献はほとんどがキリスト教関係のラテン語文献の翻訳・翻案である）。そのとき「suntâg や sundîg はもちろん現代語の sündig、ほら、つみづみしいという意味の……」と言ったら、皆さん不思議そうな表情を浮かべる。おやと思って尋ねてみると、「つみづみしい」なんて初耳だそうな。あわてて日本国語大辞典その他を引きまくったが、どこにも見当たらず。後日同郷の友人などにも確かめてみたがだれも知らない。結局わが家だけの、母親由来の特殊語であることが判明し、実に愕然としたのであった。そこでウームと唸っていろいろ考えてみた（母は故人なので本人には聞けないのである）。ふだんあまりことごとしい物言いをしない人だったが、少し理屈っぽいことを言うときは不思議とキリスト教会の表現がまじった。たとえば「感謝いたします」のかわりに「感謝でございます」などと。日本語の「罪」の語源は知らないが、どうも社会的・法律的というより宗教的禁忌違反のニュアンスの方がずっと濃いような気がする。もちろんどの社会でも古くは祭政一致が普通だったから、当然ではあるが。そこで母の「つみづみしい」も、ひょっとすると教会のだれかれの用話の影響下に成立したものか、と確証はないままに判断することにした。

さてつまらぬ私事を長々と書いて恐縮であるが、ドイツ語のSünde（英 sin）も極めて宗教的な言葉である。異教ゲルマン時代は知らず、キリスト教を受け入れてからはひたすらキリスト教的罪悪を表わした。Erbsünde「原罪」、Sündenbock「贖罪の山羊」、Sündenfall「（アダムとイブの）堕罪」などが代表例である。語源ははっきりせず、多くの説が出されているが、キリスト教受容の最初期にラテン語の形容詞 sōns（属格 sontis）「有罪の」を取り入れ（*sontia のような形を経て）、Sünde に至ったという説がわかりやすい。

そして中世末期まで名詞 Sünde も形容詞 sündig や sündhaft も、また動詞（ver)sünden などもすべて宗教的領域で用いられたが、15、16 世紀ころから倫理的道徳的領域にも広がり、近年では（多少ふざけ気味に）「過失、ミス」の意味でも使われるようになっている（たとえば es ist doch keine Sünde「そんなのたいした失敗じゃないよ」）。

さてそれでは宗教や道徳に関係しない司法的な「犯罪」はどう言ったのかというと——実はキリスト教一色に塗りつぶされていた中世ヨーロッパにおいては、非宗教的な犯罪など存在しなかったのである。ありとあらゆる非違は結局は神に対する罪だったのだから。

そうではあるが Sünde 系の語では強すぎる場合ももちろんあっ

て、そんなときはFrevel（古高独fravali、中高独vrevel）やMissetat（古高独missitât、中高独missetât）、あるいは同義の古高独、中高独meintâtなどがあり、また、現在のドイツ語でもっぱら司法的犯罪に用いられる動詞verbrechen、名詞Verbrechenも中高独語期には登場している。

英語も事情はよく似ていて、現代英語でもっぱら司法的犯罪に用いられるcrimeは古仏語経由で15～16世紀ころから広まり、それ以前は古英語misdæd、frævaliなど、ドイツ語によく似た表現が一般的だったらしい。

ひとつ蛇足を。旧約聖書にあるノアの大洪水は普通はSintflutだが、これをSündflutと言い、人の原罪による洪水であり、それによって罪人たちをほろぼしたのだからその方が正しいと考えているドイツ人も多い。もっとものようだが、実はこのSint-は「集中的な」あるいは「一体となって永続する」を意味し、ラテン語semper「常に」、独Singrün「（いつも緑色を保つ）蔓日々草（つるにちにちそう）」の前半部sem-やSin-と同系の語である。独samt「一緒に」やsammeln「集める」の前半部もここに属する。事実古高独や中高独ではsinfluot, sinvluotだったのが、後に中間音の-t-が入って発音上もまた意味の上からもSündeと結びつけられるようになって、Sündflutが闊歩するようになったのである。しかし19世紀に言語学研究が進むとまたSintflutが優勢になったのだが、今なおSünd-と書き、またそう発音する人もなくなってはいない。Sündeと結びつける解釈をVolksetymologie「民間語源俗解」と言うのだが、学問的にはともあれ、なんとなく好ましい。だいいち楽しい。たとえば日本語でも「やりきれない」と言うのは、槍は突くものであって切るものではないからなのだ……というのは江戸時代まではだれもが信じた語源解なのだが、今どきこんなことを言ったら非学問的と笑われるだけである。残念なことである。明治４年に宇田甘冥著の『本朝辞源　英語対覧』という小本３冊の大胆で愉快な語源辞典が出た。私は全３冊のうち上巻しか持っていないが、いや面白いこと、すべてがこのVolksetymologieの成果なのである。ちょっと紹介してみよう（原文はたて書き）：

美（ウツクシ／ウルハシ）

美ナル人ヲ見テイレバ　心ウツラウツラトナルユヘ
ウツクシト云。　又水気アッテ潤ヘルカ如キヲ
ウルハシト云ナリ。（この部分はおおむね正しい！）
（英）Beautiful.（ビウチフル）

金（カネ）　万物ノウチニテ最モ堅ク粘キモノユヘカネト
云ナリ。（英）Metal.（メタル）

鴨（カモ）　水上ニテ足ヲカキモガクモノユヘニ省キテカモ
ト云ナリ。（英）Duck.（ダック）

岸（キシ）　キット切立ニナリテ審（シカ）トシマリタル所ヲ　キシト云ナリ。
（英）Bank.（バンク）

ほとんどがこの調子で、ウルハシの部分を除いてはまあ語呂合わせのようなものだが、どんな読者がどんな顔をして読んでいたのか、想像するだけで楽しいではないか。そして面白がって読んでいると、だんだんナルホドという気になってくるから不思議である。

20　どんどりべったり

明治の終わりころまで和歌山県の各地で「どんどりべったり」という言葉が聞かれたそうだ。どんな状況で使われたか記述がないのが残念だが（重久篤太郎著『お傭い外国人』第14巻）、驚いたことにこれはドイツ語の間投詞 Donnerwetter!「おやおや！；畜生！」の紀州バリエーションであるらしい。

Donnerwetter「雷雨」（後半の Wetter は「天気」ではなく「荒天」のことで、Gewitter の意味）は15世紀ころから見られる単語だが、間投詞として驚きや罵りを表すようになったのは17世紀以降で、現在ではほとんど間投詞として、あるいは比喩的に「大目玉、叱責」の意味でしか用いられない：Das wird ein schönes Donnerwetter geben!「これは大目玉を喰うだろうよ」

自然現象としての「雷」が人為的な「大目玉、叱責、大騒ぎ」となるのは洋の東西を問わぬらしい（日本語でも「雷親父」や「雷を落とす」など類例はたくさんある）。ただ日本語では罵言としての雷は見当らない。ドイツ語では中高独以来 daß dich der Donner erschlage!「お前など雷に打たれてしまえ！」などという表現があって、これが罵言としての Donnerwetter! の前身かもしれない。Donner や donnern の語源は「ゴロゴロ」という擬音にちがいないが（英 thunder、羅 tonāre）、とりわけゲルマン人の間では百発百中の投げハンマーをもった雷神トール（Thor、Donar、ギリシャ神話のジュピター）の信仰が強かったので、罰を執行してくれる神をいろいろの場合に引き合いに出すことが多かったのだろう（日本語の雷も実は「神鳴り」で、天神の鳴動と理解していたことは言うまでもない）。

さてこの Donnerwetter!（あるいは）Zum Donnerwetter!「なん

たることだ；畜生；いまいましい」が、なぜ明治時代の和歌山県で「どんどりべったり」として広まったのだろう？——答えは案外やさしくて、明治初年の和歌山にドイツから来た軍事教官がいて、紀州一円から徴募された兵隊をキビシク仕込んだのである。行進すらまともにできない庶民兵（いや士族出身兵も大差なかったそうだ）を相手にして、彼の口からは絶えず（Zum）Donnerwetter! という嘆声もしくは罵声がもれ出ていたらしい。それが兵隊さんの脳裏に深く刻みこまれ、無事除隊した後にも同期の仲間の間でなつかしく思い出され、また自分の家でもドラ息子を怒鳴るときなどに、ちょっとカッコイイ、和歌山お城下仕込みのハイカラ表現としてしばしば使われたのではなかろうか。

このドイツ人はCarl Köppen（1833 – 1907）といい、発音表現は「ケッペン」が一番Köppenに近いだろうが、紀州では「カッピン」と呼ばれていた。ö（オーウムラウト）の発音など当時の人には不可能だったのだ——（いや今も日本人にほとんど不可能ですね）。有能な退役下士官で、明治２年（1869）紀州藩に軍事教官として傭われ、明治４（1871）年まで１年半ほどの間に和歌山藩軍をプロシャ式に特訓、日本でトップ級の軍隊に仕上げてしまい、危機感をいだいた明治政府があわてて廃藩置県によって藩軍を解散させたのだそうな。

ひょんな偶然で私はこのカッピン氏の和歌山滞在日記や、当時のドイツの新聞にのった彼の略伝などの翻訳にたずさわることになって、廃藩置県前後の日本とドイツの思いがけない結びつきに驚かされた。一般にはこの時期、英仏のみが日本に大きな影響をもっており、ドイツが登場してくるのは明治憲法制定にプロシャを範とした頃からだと考えられているからである。少し調べると、西南戦争の後に日本の陸軍はプロシャ式が主流になっていき、それにはこのカッピン氏の紀州藩軍での大活躍もなにほどか影響していたらしい。

軍事畑以外でカッピン氏を有名にしたのは佐藤春夫の小説『開国余談　丙午佳人伝　　一名名物雀すしものがたり』（昭和８年）で、

これによるとこの異国からの軍事教官殿は和歌山一の美人を現地妻としてウラヤマシイかぎりなのだが——私が読みづらいドイツ文字（いわゆるひげ文字、Fraktur）の自筆日記をドイツ人同僚の助けを借りてやっと解読したところでは、それほどウラヤマシイ日々ではなかったらしい。サムライ出身の士官ですら洋式調練の意味を知らず、ひまがあると兵士たちと共にどこかにしゃがみこんでお茶をわかして煙草を吹かし……頑固頭のチョンマゲたちとはよく衝突し……淋しさをまぎらわすために夜は深酒にふける（そうすると日記の文字も酔払った字になる!! しかし本来まじめな人らしく、常に自分とドイツの家族のために神に祈ってもいる)。したがって彼の口からしょっちゅう Donnerwetter! が発せられたことは、同情をこめて理解してあげなければいけないだろう。

カッピン氏の活躍は直接の軍事だけでなく、兵士の断髪肉食断行、日曜休日採用、洋式軍服と革靴着用などによって広く日常生活にもおよんだ。紀州のネル産業と皮革、特に製靴は近年まで重要な地方産業だったとのことだが、少なくともそのきっかけの一端はカッピン曹長殿が作ったことになる。

このカッピン氏ことケッペン氏は紀州藩軍廃止によって職を失ったが、膨大な退職金を得て帰国、しばらくは豪勢な生活を送ったが、あまり商才もなかったのか、やがて尾羽打ち枯して淋しく世を去ったとか、子孫のひとり（孫）から私は聞いたことがある。祇園精舎の鐘の声、という言葉はカッピン氏も知らなかっただろうが、敬虔なるクリスチャンとして Nichtigkeit, nur Nichtigkeit. Alles ist Nichtigkeit. Was bleibt dem Menschen von all seiner Mühe, womit er sich abmüht unter der Sonne?「空の空、空の空なるかな。すべて空なり。陽の下に人の労して為すところのもろもろの働きは、そも身に何の益かあらん」という旧約聖書の一節（伝道の書）はよく知っていたかもしれない。

21　Mund と Maul

ルターは聖書を原典からドイツ語に翻訳するにあたって、だれにでも理解できるように庶民の言葉に翻訳することを目標とし、だから常に民衆語に聞き耳をたてることを重視した。これは彼の「翻訳についての書簡」(*Sendbrief vom Dolmetschen*、1523ないし24年) に出ていて有名なので、その部分を当時の印刷本のままここに引用してみよう。...man mus die mutter im hause／die kinder auff der gassen／den gemeinen man auff dem marckt drumb fragen／und den selbigen auff das maul sehen／wie sie reden／und darnach dolmetschen「(人はドイツ語の話しかたを学びたかったら、多くの愚か者がするようにラテン語の文字の中にそれを探すのではなく) 家の中の母親や路上で遊ぶ子供たち、また市場で働く普通の男たちに問うべきであり、そんな人たちの口もとに注視して、そのように翻訳をしなければならない」

ここから dem Volk aufs Maul schauen「庶民の言葉を重視する」という表現が生じ、だれにもよく知られているのだが、実はその際ドイツ人は内容そのものよりも Maul という言葉に面白味を覚えるようだ。というのも、das Maul は現在のドイツ語では動物の口のことであり、人間の口を Maul というのは一種の卑語、冗談語と理解されるから。たとえば Halt das Maul!「うるさい、だまれ！」や das Maul weit aufreißen「大口をたたく」などがその典型である。以前にもふれたように (7章) 確かにルターは時と場合によっては「おなら」や「げっぷ」のような言葉を平気で使ったので、野人 (Grobian) というイメージが強い。だからこの引用箇所の Maul もそう受け取られて、いかにも庶民派ルターらしいと思われて、なかなか人気のある表現となっているのだが……だがもしルターがこれを知ったら心外に思うだろう。彼にとってはMaulはMundと特に変わることのない言葉であり、この引用の場合は庶民性が眼目となっていることから、Mundよりはほんの少しくだけた口調のMaulにした方がスタイルとしてふさわしいと感じたからだと思われる。卑語としてふざけて使用したのではないだろう。

Maulは中高独語mûl(e)においてすでに人の口にも用いられており、その場合も必ずしも卑語や軽蔑語ではない。ルター聖書翻訳の基盤となった東中部（上部ザクセン地方）の方言でもMaulはMundよりやややvolkstümlichという程度のちがいしかなかったらしい。雅俗よりも地域差の問題である。現在でも特にドイツ南西部ではMaulがMundと同義に頻用されるそうである。

民衆的な翻訳文体を目指したルターにとって、彼が慣れ親しんでいる地方、すなわち低地ドイツ語と中部ドイツ語にまたがる地域の民衆語を多用するのは自然であった。その代表例はLippe「唇」である。これとは別に古高独lefs、中高独lefs(e)、新高独Lefzeという「由緒正しい」言葉があったのに、これはルター訳聖書に採用されなかったため、現今の標準語では「動物の下唇」に意味が限定されてしまった。ルターのおかげで現在標準語となっているLippeは本来は低地・中部ドイツ語であり、英lip、蘭lipとともにいわゆる高地ドイツ語子音推移を経ていない-pp-を保持している。

またPeitsche「むち（鞭）」もルターによって全国的となった。これはポーランド語、ソルブ語など西スラヴ語由来で、14世紀ごろに東中部ドイツ語に取り入れられ、ルター聖書を通じて全国共通語となった。古来多用されていたGeißel（おそらくケルト語起源で、全ゲルマン語地域に普及していた。古高独gîsal、中高独gîsel）はこの新来者Peitscheに圧倒され、今では「むち」の意味では南独方言でしか通用しない。共通語ではdie Geißel Gottes「神のむち、試練」のように比喩としてしか用いられなくなっているのである。

まだまだたくさんの語彙がルター聖書のおかげで全国共通語となっているのだが、これについては稿を改めることにしよう。

最後にルター言語のいわゆる粗野さ（Grobheit）について簡単に。私の恩師故エガース先生（Hans Eggers）はよくこう言われた：ルターは雅も俗も上手に使いわける。読者が（あるいは聞き手が）だれであるかをしっかり認識し、最も効果的な表現と文体とを使いこなしているのだ。Dem Volk aufs Maul schauen にしても、実際に彼がそうしていたと考えなくてもいい。この書簡の読み手に最も印象的なシーンを織りこんだわけである。この書簡はだから十分に技巧的な文学的散文（Kunstprosa）である。もちろん彼は庶民の出身であり、その気になればいくらでも農民的な、あるいは粗野な言葉を繰り出すことができたのは確かだが、だからといって彼を「野人」Grobian と決めつけるのは少々ナイーブにすぎるだろう。——先生のやや北ドイツ風のなめらかな発音が今もなお私の耳の底に流れるようである。

22　私はヒルシュと申します——その他

着実に打ち寄せる年波のせいで、いろいろ面白いことが増えてきた。ある日曜日、いかなる心境の変化か、朝には友人が牧師を勤める教会で彼の説教を聞き、午後には本願寺で仏前に神妙に頭を垂れたことがあった。その後地下鉄の中でウトウトしていると、どこからか優しい女性のアナウンス：「車内やホームで神仏をお見かけの方は……」なに、神仏?!　神仏がいずこにおわすや！　とガバと身を起こしたのであったが、もちろんすぐ気がついた。「不審物」なのだ……。かわいい声の車掌さん。日本語の「ふ」は唇をまるめてしっかり発音してください。

また別の日、ドイツ語の仲間たちと下手な俳句をひねってもう長いが、だれも不思議なほど全然うまくならない。でもさすが句会が近づくと先人の句集を読んだり、歳時記をひっくり返したりはする。私はその日、芭蕉の「ほろほろと山吹散るか滝の音」に魂を奪われた。平明で広くて奥深くて、ああ何たる名句かと。所用で駅に行き、ついでにトイレに行った。するとまたもやどこからか優しい女性のアナウンスが：「左手には滝のおトイレがございます……」。なに、滝のおトイレ?!　ではそこには山吹がホロホロ散っているのか、では是非そこに行かなくては！　と一瞬あせったのだが、すぐ「そんなアホな」と冷静になって考えてみた。だがすぐはわからない——で左手に立ってみた。そのドアには「どなたでも御使用になれます、多機能トイレ」と書いてあった。ああアナウンス吹き込みのウグイス嬢さま、長母音［o:］はオーと発音してください、オオと二重母音にしないでください。

さて、このような、しっかり発音すべきところを弱く発音したり、「オー」であるべきところを「オ・オ」と区切ったりしておきる誤解は、それほど多くないにしてもドイツ語にもある。ただし英仏語などに比べればはるかに少ないはずだ。というのも、ドイツ語の語頭母音は軽くのどの奥の声門を引きしめる声門閉鎖音（発音記号［ʔ］）をともなう（だれもそんなことは自覚してはいないが）。だから英仏語のようにその母音が前の音節と一体化してしまうことは原則としてない。たとえば英語の an apple は〔アナップル〕となるが、ドイツ語の ein Apfel は〔アイン・アップフェル〕であって〔アイ・ナップフェル〕とはならない。フランス語の mon oncle は〔モノンクル〕だが、ドイツ語の mein Onkel は〔マイン・オンケル〕であって〔マイノンケル〕とはならない。

ただしなんにでも例外はあって、ごく軽く発音される二音節の副詞で後半部にアクセントがある場合、前音節末の子音 -n や -r は後半の母音と合体して発音される：heréin［ヘライン］、hinéin［ヒナイン］など。しかしアクセントが前にあると上述のように声門閉鎖がおきて héreilen［ヘア・アイレン］、hı́neilen［ヒン・アイレン］となるのであるが。

さてひとつ問題を出してみよう。Hirsch heißt mein Vater「父はヒルシュという名前です」というなんでもない文を、少しちがって発音するとお父さんからゲンコツをもらうことになる。さあ、どうでしょう？　――正解は前半の Hirsch heißt を［ヒルシュ　ハイスト］ではなく、［ヒーア　シャイスト］と読む：Hier scheißt mein Vater「お父さんはここでウンコをします」。あるドイツ人から聞いたこの発音のいたずらを別のドイツ人に話したら、彼は Hirsch heiße ich と言っていたそうな：［ヒーア　シャイセ　イヒ］。まあどちらでも大差はなかろう。

話はまったく変わるが、先ほどの芭蕉の名句をドイツ語に翻訳できるだろうか。ほろほろと山吹散るか滝の音――私はお手上げである。「山吹散るか」以下は訳せないことはなかろう。しかし擬態語

「ほろほろと」は翻訳できそうにない。Tropfenweise ／ in Tropfen ／ in Stücke ／ ein Blütchen nach dem andern... など考えられるかもしれないが、どれも言い換えであって「ほろほろ」にはほど遠い。詩の他言語への翻訳は不可能というのは周知の事実であるが、極端な短詩である俳句で、しかも擬音ならまだしも擬態語が要(かなめ)となっているこの句については、まことにお手上げと言うしかない。また上に「山吹散るか」以下ならどうにか訳せないこともないと書いたが、実は下五の「滝」がむずかしい。Wasserfall でいいではないかと思われるかもしれないが、日本語の「滝」は Wasserfall とはかぎらない。「たき」が急流や奔流、早瀬をも指すことは「たぎつ」や「たぎる」が同語源であるらしいことからも想像できる。山吹が散る滝は華厳の滝や那智の滝のような滝、すなわち Wasserfall ではないだろう。Stromschnelle「急流」という言葉もあるが、Strom ではどうも大きな川を思いえがいてしまう。Bergbachschnelle あたりなら「渓流」の感じは出るが、いささかまのびするような……後日ドイツの Haiku-Dichter(in) たちの意見を尋ねてみることにしよう。

23　albern

語源穿鑿好きという趣味（悪趣味？　悪癖？）に染まってしまうと、一見して語源の素性のわからない単語や表現はいつまでもなんとなく苦手であり、精神衛生上あまりよろしくない。もっとも実際はある言葉を使うとき、語源を意識して使うなどということはありえない（もしあったら、まちがいなく魔道に堕ち入っている！）のだから、よほどひまなときにしか苦手意識は出てこないのではあるが。

そんな言葉のひとつに形容詞 albern がある。「幼稚な、たわいない、浅はかな」くらいの意味で Sei nicht so albern!「そんな馬鹿なまねはおやめ！」などと、主に子供に向って（あるいは浅はかで子供っぽいと判断された大人に対して）用いられる。kindisch や dumm や närrisch、töricht などとほぼ同義であるが、これらに比べると語源的透明度が低く、どうも私には苦手である。そこである日、この苦手意識を克服すべく一念発起して語源調査を試みてみた。

まずゴート語に allawerei「素朴な正直さ」という名詞があり、all- は強調、werei は印欧祖語 *uer-「好意、信頼」に基づくと考えられる。ゴート語には動詞 unwērjan「不服である」もあり、-wērjan がこの *uer- 系である。この *uer- はラテン語 vērus「真実」や独 wahr、蘭 waar（ゲルマン祖語 *wērō）として現在の諸言語に普及している。そして古高独で alawāri、中高独で al(e)wære となるが、古高独ではまだ「好意的な」という意味であるのに対し、中高独 al(e)wære は「単純な、幼稚な、無価値の」という否定的ニュアンスが強くなっている。この -l(e)w- が -l(e)b- に変化して初期新高独で成立したという次第である。「好意、信頼」が「真実」と結びつき、そこから「正真」→「素朴」→「浅はかさ」と変わっていったのだろうか。人が好すぎると「お人よし」として軽く見られ、質朴すぎると「単純な人」として軽視されるのは世の常ということか。私はなんとなくゲルマン神話の妖精 Alb（英 elf）との関係を想像していたが……こういうのを Volksetymologie「民間語源説」というのである。

さてこの albern、実はルターの翻訳聖書によって全ドイツ語圏に広まったもので、それ以前は北独、中独でしか通用していなかった。ルター聖書は各地で印刷されて急速に広まっていったが、1522 年バーゼル（当時の印刷の中心点のひとつ）で出版印刷された際には、その地方（上部ライン地方）の言葉による小さな単語集が巻頭につけられねばならなかった。その中に albern もすなわち「当地の言葉では närrisch」として挙げられている。バーゼル地方では albern は理解されなかったのだ！

以前に別項（21 章）でふれた Lippe すなわち「当地の言葉では Lefze」もここに含まれている。もうひとつ、驚くべき例を紹介しよう。「感じる」fühlen（英 feel、蘭 voelen）である。独英蘭に共通、すなわち西ゲルマン語共通の単語であるのに、語源は明らかでない。現今はいかなる感覚にも用いられるが、元来は「手で、指で触れて感じる」ことだったらしく、古高独 fuolen、中高独 vüelen もその肉感的傾向をはっきり示している。だからラテン語 pollex「親指」や palma「平のひら」との関連も疑われることになる（印欧祖語 *pələ-, *plā「平らで広い」）。そして 18 世紀になると心理的・精神的な感覚にも用いられるようになり、今日に至っている。

ところが fühlen は南独の高地独語では、とりわけ民衆の口語ではほとんど知られておらず、かわりに empfinden や spüren が一般的だった。empfinden はその古高独 intfindan が示しているように「開始」を示す接頭辞 ent- に finden「見つける」のついたもの、すなわち「発見」を意味した。「発見」→「気づき」→「感じ取り」を経て進んで単なる「感じる」ことになった。spüren は名詞 Spur

「(土や雪に残った人や獣の) 足跡」が出発点で (現代の日本でも雪の上のスキーの跡をシュプールと言う。ドイツ語直輸入!)、獣の跡をたどるという狩猟用語だったのだが、中高独あたりから「かぎつける、気づく」となり、17〜18世紀には一般的な「感じる」となって fühlen と同義になった。

南独の日常口語では今日でも empfinden や spüren が fühlen に拮抗しているそうだが、方言色が薄れて全国共通語が成立しつつある (日本と同じ) 現在の状況では、やがて fühlen のひとり勝ちということになるのだろう (もちろん fühlen、empfinden、spüren 間の微細なニュアンスのちがいは存続し、そのかぎりでは empfinden と spüren が fühlen に完全に飲み込まれてしまうなどということはありえないにちがいないが)。

24　die Nase putzen

ドイツ人の、あるいは西欧人の、壮烈な鼻のかみ方を知っておられるだろうか？　片手でハンカチを使って一里四方に響きわたるような音をたてる。老若男女の差はない。時と場所も（原則として）お構いなし。もっともさすが音楽会などではつつしむが。大学の講義中でもだれかがこれをやったら、一瞬授業は中断する——こともある。無理に続けても先生の声は打ち消され、どうせその部分はくりかえさなければならないのだから、鼻かみ音が終わるまで待ったほうが賢いのだ。ドイツにしばらく住むとこれに慣れてしまって、帰国してから困ったことになる。大学のテストのとき、教壇にいた私が何気なしに鼻をかんだら、教室中の全員が跳びあがったことがある。私のこの鼻かみ方式におそれをなした繊細な秘書さんや女子学生は、私がティッシュを取り出すともう耳をふさぐという始末。そしてやっと上品な日本式に復帰すると、ドイツ人同僚の鼻のかみ方がいやに目に——ではない、耳につく。30メートルも離れた研究室の彼や彼女の豆腐屋のラッパに似た鼻かみ音は、研究室棟廊下のはじからはじまで響きわたるのだ。私の研究室の新参学生はギクッとして首をすくめ、あ、あれは何でしょうか?!　と尋ねるのだ……。

留学中、ゴート語だか古高独語だかの早朝演習に出ていた。私の学生寮はキャンパス内にあったから、私はたいてい一番乗りで、教室の前の方に座ることにしていた。でないと早口の講義についていけないから。すると授業のまん中ごろ、後の方で必ずだれかが鼻をかむのだった。それほど大音ではないのだが、プフゥー！　という独特な高音である。しかし前に座っている私にはだれの音であるかは長いこと不明だった。さてある朝のこと、休講だったことを忘れて教室に行ってしまい、すぐ思い出しはしたが、次の授業もあることだし、そのまま私はいつもの前列席で本を読んでいた——すると、だれもいないはずの後ろの方でまたあのプフゥー！ が鳴り響いたのである。私は青くなったが、数秒後意を決してふりかえってみた。やはりだれもいない。ソロソロと音の鳴ったあたりに近づく——と、壁の古ぼけた電気時計に気がついた。かすかにグウェグウェというような、時計にしては奇妙な音をたてて長針が動いている。正体はこのボロ時計であることを私は30分後に確かめた。毎時0分と30分にあのプフゥー！　という鼻かみ音をこの時計は奏でていたのであった。

少し余計なことを書きすぎました……。さて「鼻をかむ」はドイツ語では sich^{3} die Nase putzen と言う（sich^{3} はいわゆる「所有の3格」。鼻の所有者である人物を再帰代名詞の3格で表す用法）：Putz dir die Nase nicht so laut!「そんなに大きな音で鼻をかむんじゃないの！」

別に問題はなさそうだが、ちょっとこの putzen にこだわってみよう。日常的にとてもよくお目にかかる言葉で、まず第一義は「（磨いたりふいたりして）きれいにする」ことである。「歯を磨く」は sich^{3} die Zähne putzen だし、靴や窓や鏡、眼鏡などをきれいにするのもたいていは putzen である。ほうきで掃いたり、掃除機をかけたりするのは、磨きや拭（ぬぐ）いを中心とするらしい putzen とは異なるはずだが、現今は putzen が掃除一般に通用するようになっていて、Putz endlich mal dein Zimmer!「もういいかげんに部屋の掃除をなさい！」と言う（これは特に南独が多く、北独では sauber machen や reinigen の方が普通のようだ）。だから Putzfrau「掃除婦」は掃除機もかければ洗濯もする。もちろん Putzlappen「雑巾」であちこち磨きまわりもするが。

このように今では日常不可欠な単語である putzen だが、由来は意外と新しく、しかもあまりはっきりしないのだ。初出は15世紀で、butzenとも表記されたところから、主に南独で使われたButz／Butze／Butzen「小さな固まり、(果実の) 芯、(ろうそくの固まった) 芯、目やに、鼻くそ、かさぶた」からできた動詞で、「Butz／Butze／Butzenを取り除いてきれいにする」が原義だったと考えられている。南独方言は語頭のb-とp-の区別をほとんどしないので、後にputzenとして全国共通語となったわけである。中高独まではbōzen（英語のbeat）「打つ、たたく」という動詞があったが、新高独には受けつがれず、その関連名詞Butz／Butze／Butzen「(たたき折られた) 木の屑、小さい固まり」から新たにbutzen→putzenという動詞が生まれたらしい（北独で「ひらめ」や「かれい」のことをButtというが、このButz...と関係があるようだ)。

別な意見もあって、「改善する、より良い状態に直す」が原義だとする。gutの比較級besserを核とする動詞には古高独buozen、新高独büßenがあるが、この「改善する」が意味の上でputzenの出発点となった。しかしこれは時とともに「改善する」という一般的な意味から宗教的な「贖罪する」へ意味が狭まって、だから初期新高独あたりで新たにbutzen、putzenという語形が生まれたのだという説である。putzenの用法のひとつにdie Kerze／das Licht putzen「ろうそく／ランプの芯の燃え屑を切り取ってきれいにする」というのがあるが、この用法こそがputzenの最も中心的なもので、もともとは「ろうそく／ランプをより良い状態にする」ことであった。野菜やサラダの悪い部分を取り去ってきれいにするputzenも同じであるそうだ。

また建築用語としてのputzenやverputzenもあり、「(しっくいやモルタルで壁を) 化粧塗りする」ことであるが、たしかにこの用法も「(汚い小さい固まりを取り去って) きれいにする」よりも、「改善する、美化する」の方に近いようである。さらに現在では古めかしい用例となっている「おめかしする、飾りたてる」（たとえばDas Mädchen putzt sich sehr gern「あの娘はおめかしが大好きだね」）も、

「改善、美化」説に好適であろう。

第三の説として、ラテン語のputāre「切り取る；きれいにする」を借用して独語化したのがputzenだとするものである（岩波独和辞典）。とても魅力的な説であるように思われるが、現在の語源辞典類では全然言及されていないから、あるいは実証的根拠に欠けるのかもしれない。しかし、上記の二説を補完することはできそうである。つまりbutzen、putzenが定着するにあたって、意味と形のよく似たputāreが側面から心理的応援をしたのではないだろうかと。もちろんラテン語を使いこなすインテリ層にしかあてはまらないだろうが。

25　飲むなら乗るな　乗るなら飲むな

最近はあまり見ないが、以前はよくあちこちの道路わきに上のような文句の看板が立っていた。飲むのは好きだが、車の運転はできないので、看板の内容はどうでもいいのだが、しかし実に名文句であるなァと私はいつも感嘆したものである。のむならのるな、のるならのむな……「の」音の反復が４回、「なら」の反復が２回、「…な」の反復も２回。要するに「な」行音の反復が８回もある。ローマ字で２行に分けて書いてみるとこの技巧はもっとはっきりする。

nomu nara noruna!

noru nara nomuna!

no- 音の語頭における反復は詩の技法上「頭韻」という（Alliteration または Stabreim）。２行にわたっての同音反復 nara は頭韻を兼ねた脚韻（Endreim）だが、行中にあるので Mittelreim「行中韻または行内韻」という。各行末の -una はもちろん２行で一組を作る Paarreim「対韻」である。それだけでなく、１行目と２行目で omu...oru が oru...omu と入れかわっていて、なかなか高度なテクニックだ。感心していたら地下鉄の車内でこんなものを見つけた：君のやる気と近畿の本気……。予備校かなにかの広告らしいが、まずローマ字にしてみよう：

kimi no yarukito

kinki no honki

「飲むなら――」に比べると少し劣る：ki- が５回出ているが、ちゃんとした頭韻は２度だけ（kimi と kin-）、あとは不完全な脚韻の中に３度（-uki と -inki と -onki）ということになる。しかしそれにしても k 音を響かせ、脚韻 -nki でまとめあげる技術はたいしたものだ。このリズムと語呂のよさは「飲むなら――」にも「君の――」にも共通で、ひょっとしたら同じ作者か ?!

もうひとつ、ちと物騒だが頭韻と脚韻の上手な例が見つかったので紹介しておこう：「刺せば監獄　刺されりゃ地獄」。

頭韻は古ゲルマン詩の特徴的技法で、９世紀ごろラテン語の宗教詩の影響で脚韻が始まるまで、韻と言えば頭韻のことだった。有名な古高独語の英雄叙事詩「ヒルデブラントの歌」（*Hildebrandslied*）を見てみよう。

Hildebrant enti Hađubrant　untar herium twēm
sunufatarungo,　iro sare rihtun,
ヒルデブラントとハドゥブラントは　二手の軍勢を引きつれて、
父と息子のなかなるに。武装はすでに整いて、

１行目の h- と、２行目の s- が頭韻である。ゲルマン頭韻詩は行の前半に２箇、後半に１箇の頭韻を踏むのが原則だが、実際はさまざまなバリエーションがある。

もうひとつ、馬が足をくじいたときの呪文を見よう。「メルゼブルクの呪文」（*Merseburger Zaubersprüche*）と言われているものである。

bēn zi bēna,　bluot zi bluoda,
lid zi geliden.　sosē gelīmida sīn!
骨は骨に、　血は血へと、
肢は四肢へ。　膠でしっかり付くように。

１行目は b-、２行目は l- の頭韻である。この２例のように異教ゲルマンの古詩に用いられるのが普通だが、ひとつだけ面白い例外がある。９世紀前半の低独語によるキリスト伝『ヘーリアント（救世主）』（*Heliand*）がそれで、内容は福音書に基づいたイエス・キリスト伝なのだが、詩型は聴衆が慣れ親しんできた古ゲルマンの英雄詩の伝統にしたがって頭韻詩になっているのである。

huuō it thar an them aldon　eō gebiudit:
sō huue sō ōgon genimid　ōđres mannes,
古来の律法が　命じている如く、
だれであれ　他者の目を奪う者は

この２行とも aldon — ēo、ōgon — ōđres と母音頭韻となっている。子音ならば厳密に同音でなければならないのだが、母音は a、e、i、o、u のどれもが互いに押韻しあうのである。

古ノルド語の詩集「エッダ」(*Edda*)、古英語の英雄叙事詩「ベーオウルフ」(*Beowulf*) など、いずれもこのような頭韻詩である。

やがてキリスト教が定着するにつれて、どの国でも脚韻になっていったのだが、しかし頭韻を快い響きとする古ゲルマン以来の美意識はそう簡単に消えるものではなく、現代独語の決まり文句には頭韻を利用したものが少なくない。たとえば Haus und Hof「家も屋敷も；全財産」、Land und Leute（kennenlennen）「土地柄と人情（とを知る）」、mit Kind und Kegel「家族全員で」などがすぐ思い出される。最後の例の Kegel は「円錐体」のことで、ボーリングのピンなどを指すのが普通だが、この場合は「庶子、私生児」の意味なのである。つまり正妻から生まれた嫡出子も、お妾さんからの庶子も問わず、みんな一緒に、というのが Kind und Kegel なのだ。この意味の Kegel は中高独末期から出現するのだが、「円錐体」との関係ははっきりしない。諸説あるのだが、本来は悪童を殴ってこらしめる棍棒 Bengel が「悪童」の意味にも用いられるようになったのと同様に、お仕置き用の道具としての Kegel（南独では馬の骨や人の関節骨をも指すそうである）が、お仕置きを受けやすい庶子そのものを指すようになったかというのがひとつの説。次に、尻軽女が氷を食べるとつららを生むという俗信があったらしく、そのつららのことを Kegel と言ったのだろうという説もある。さらに、円錐形の棒を Phallos に見立てたのかもしれないというちょっと露骨な説まである。古北欧の散文文芸サガ（*Saga*）などには、嫡出児と庶子、その母親たちをめぐってのFamiliengeschichteがさまざま見られるが、そのあたりをていねいに見ていくと何かヒントが得られるかもしれない……。

さてこの頭韻はよく考えてみると日本語にもたくさんある。古くは万葉集の「よき人のよしとよく見てよしと言ひし芳野よく見よ　よき人よく見」は頭韻yo-で成り立っているのがミソだし、中古では有名な「ひさかたの光のどけき春の日にしず心なく花の散るらん」も無意識ではあろうが前半においては頭韻hi-が重要なようだ。近代でもたとえば石川啄木の「やはらかに柳青める北上の岸辺目に見ゆ泣けとごとくに」も、ya-とki-との頭韻の効果は大きいのではなかろうか。――とあれこれ考えていたらお昼になり、蕎麦を食べていたら、ハテ、こんな俗謡もありました：「信州信濃の新蕎麦よりもわたしゃあんたの側がよい」(s-の頭韻)。

おや、隣の子供たちが早口言葉で遊んでいる：なまむぎなまごめなまたまご――ハテ、これだって頭韻だ――すると私自身が子供のころこんな早口遊びをしていたことを思い出した：神田鍛治町角の乾物屋で勝栗買ったら堅くて嚙めない、鍛治屋の上(かみ)さん癇癪おこしてカリカリ嚙んだらカリカリ嚙めた……。てなわけで、頭韻技法に関しては古代ゲルマン人と原日本人は共通点が大きいのだなぁと、あらためて感じ入ったのであった。

26　脚韻のはなし

前項で頭韻について述べたので、バランスの都合上、脚韻についても少しふれておくことにしよう。

言うまでもなく脚韻とは、各詩行末の最後の強音節の母音以下が同音となることである。前に書いたように、ゲルマン詩の押韻は頭韻であったが、9世紀に入ってゲルマン人のキリスト教改宗が進むと、重々しい響きの頭韻の異教性が嫌われて、中世ラテン語（あるいは初期ロマンス語）の宗教歌に用いられるリズミカルな脚韻がドイツ詩にも採用されるようになった。その代表例が9世紀後半、僧オトフリート（Otfrid ／ Otfried）の『福音書』（*Evangelienbuch*）である。福音書に記されたイエス・キリストの生涯をドイツ語の詩として著すのは半世紀近く前に低独語で書かれた『ヘーリアント（救世主）』に次ぐものであるが、『ヘーリアント』が頭韻による伝統的なゲルマン詩型を選んだのに対し、オトフリートは新しい酒は新しい革ぶくろにと、脚韻による新型式を採用したのである。

Wanna sculun francōn　　einon thaʒ biwankōn、
Ni sie in frenkisgon biginnēn,　　sie gotes lob singēn?
かくて何故フランクの　人々のみが避くべきぞ、
神の賛詞をフランクの　言葉で歌う試みを。

（高橋輝和訳）

長行詩の前半の末尾と後半の末尾にある francōn と biwankōn、biginnēn と singēn が脚韻である。頭韻に慣れていた人々にとって脚韻詩は新鮮な響きであったらしく、キリスト教という新しい教えとともに急速に広まったのであった。これ以降時代の文学傾向とともに押韻技法はさまざまな変化発展を遂げたのではあるが、脚韻という基本的技法は今日まで絶えることなく保持されている。ちょうど日本人の言葉の感覚が七五調を快く感じるように、ドイツ人——だけでなく英仏伊西等の諸言語を母語とする人々——はリズミカルな脚韻をなによりも快く感じるのである。なにも高尚なる詩歌にかぎらない。日常のちょっとしたリズミカルな言いまわし、子供が遊戯のときにとなえる文句、だれかをからかうざれ歌など、平生の言語生活のすみずみまで脚韻は染み通っていて、ドイツ語の基本構造の一部となっている。

今さらここでゲーテやハイネ、メーリケなどの作品を——その多くがシューベルトやシューマンなどによって作曲され、ドイツ歌曲という独特な音楽ジャンルを形作っているのだが——挙げるにもおよぶまい。ドイツの子供用韻文絵本のトップを切る『もじゃもじゃペーター』（*Der Struwwelpeter*, H.Hoffmann 作、1845 年刊）を見てみよう。

Sieh einmal, hier steht er,
pfui, der Struwwelpeter!
An den Händen beiden
ließ er sich nicht schneiden
seine Nägel fast ein Jahr ;
kämmen ließ er nicht sein Haar.
„Pfui“, ruft da ein jeder,
„garstiger Struwwelpeter!“

ちょっと見てごらん、ここにいるのが
おおいやだ、もじゃもじゃペーターさ。
両手の爪を
一年ばかりも

切らせなかったのさ。
髪も切らせなかったんだ。
「おおいやだ！」とだれでも叫ぶ、
「ばばっちいもじゃもじゃペーター！」と。

steht er — -peter, beiden — schneiden, Jahr — Haar, jeder — -peter と２行ずつ韻を踏んでいるのがすぐわかる。

次に辛辣な風刺詩人で漫画家 Wilhelm Busch の、ドイツ人なら知らぬ人のいない悪童物語 *Max und Moritz*『マックスとモーリッツ』（1865）のひとこまを（ちなみに Busch は頭韻の名前を好んだ：Max und Moritz, Plisch und Plum, Paul und Peter など）。

Ach, was muß man oft von bösen
Kindern hören oder lesen!
Wie zum Beispiel hier von diesen,
Welche Max und Moritz hießen.
Die, anstatt durch weise Lehren
Sich zum Guten zu bekehren,
Oftmals noch darüber lachten
Und sich heimlich lustig machten. ——
—— Ja, zur Übeltätigkeit,
Ja, dazu ist man bereit! ——

ああ、悪たれ小僧の話なら
聞くのも読むのもまれならず。
たとえばここのこのふたり、
ひとりはマックス、相棒モーリッツ。
賢い教えで良き人に——などとはとんでもない話。

そんなことなど笑いとばして
鼻で笑って馬鹿にする。
——いやはや実に人間は
悪事は勇んでやるものだ——

bösen – lesen、diesen – heißen... と２行ずつの脚韻は『もじゃもじゃペーター』と同じで Paarreim（対韻）といい、これが最も多い形式である。

次に童謡をひとつ。日本でも「ちょうちょ」という名で親しまれている童謡を。どうも元来はスペインの童謡らしいのだが、フランス人はあのジャン・ジャック・ルソーの作品と主張し、ドイツでは昔からのドイツの子供の歌と信じられ、そしてかなりの日本人も日本産と考えている国籍不明のものである。

Hänschen klein
ging allein
in die weite Welt hinein.
Stock und Hut
steht ihm gut,
ist gar wohlgemut.
Aber Mutter weinet sehr,
Hat ja nun kein Hänschen mehr.
Da besinnt sich das Kind,
Läuft nach Haus geschwind.

ちっちゃなハンスは
たったひとりで
広い世界に飛び出した。
杖と帽子も

ちゃんと似合って
心も嬉しくほがらかに。
でもおっ母さんは泣きました。
ちっちゃなハンスがもういないんだもの。
するとハンスも思いなおして
急いで家に帰ったとさ。

押韻は３行ずつ（-einと-ut）が２度、２行ずつ（-herと-ind）が２度となっている。

最後にあるドイツ人が子供のころによく遊び友達と競って早口で唱えていたという韻文を教えてくれたので、ご紹介しよう。Kinderreim「子供の詩」といわれるものの中で、特に早口を競うのをZungenbrecher「舌かみ言葉」という。言葉を覚えさせる意図もあるのかもしれないが、口調がいいので子供たちは喜んで覚え、スピードを競うらしい。

Herr von Hagen,
darf ich wagen,
Sie zu fragen,
welchen Kragen
Sie getragen,
als Sie lagen
krank am Magen
in der Stadt zu Kopenhagen.

フォン・ハーゲンの旦那さま
お尋ね申して
よろしいか？
どんなカラーを

お付けでしたか、
胃のご病気で
コペンハーゲンの町で
伏せっておいでのその時に。

意味はナンセンスである。ひたすら -agen という脚韻を口調よく響かせるための文章である。これを早口で一気に述べ、最後の一行は in der Stadt zu をわざと少しゆっくり語り、そして Kopenhagen を強く読んで完結の感じを出すのである（蛇足ながら５行目は Sie getragen haben が正しいが、従属節のわかりきった完了助動詞は省略してよい）。

子供たちの言葉遊びの世界は深くて広い。日本語でも脚韻の唱え言葉は（頭韻ほどではないが）あるにちがいない。残念ながら私ははるか昔の幼児期のことは茫漠として、わずかに次の、全文を書くわけにはいかない一文しか思い出さない。

火事はどこだい／牛込だい／牛の□□□□／まる焼けだい。

27　目の話

京の三条の糸屋の娘　姉は十六妹は十四、
諸国大名弓矢で殺す　糸屋の娘は眼で殺す。

京都の古い俗謡だそうだが、あるときこれをすぐドイツ人に説明しなければならなくなった。問題は「眼で殺す」である。通じるかどうか少し危ぶみながら mit ihren Augen töten と言ってみたら、どうやら理解はしてくれてホッとした。しかし後で考えると、この場合は Auge という器官そのものよりも、Blick「まなざし、視線、目つき」という動作名詞の方がよかったようだ。日本語では「目は口ほどに物を言い」などとあり、「目」が Blick の意味をも兼ねている。ドイツ語 Auge の意味領域はもう少し狭い。考えてみれば「目」は動詞「見る」からできた名詞であろうから、「見る」動作に関係する通用領域が広いのだろう。Auge はその語の主機能である「見る」という動詞 sehen や blicken、schauen などとは語源的に無関係な名詞だから、まずは生理的器官「目」そのものを指すことになる。もっとも Auge も印欧祖語 *ok$^{\text{u̯}}$-、ゲルマン祖語 *augan-「見る」から来ているのだそうだが、少なくともゲルマン語、そしてドイツ語においてはもはや「見る」という動詞とは無縁となっている（Auge に語源的に密接する動詞は äugeln「目を注ぐ、目くばせする、秋波を送る」くらいだが、これは Auge から副次的に作られたものだ）。

さてドイツ語 Auge でも日本語「目」でも、視覚器官のみならず、それによく形の似たものに関しても用いられるのは共通である。まず第一に丸く盛りあがったものを指す。たとえば Hühnerauge は文字どおりには「鶏の目」ではあるが、実は足にできる「魚の目」を指すことが多い。日本人は魚を、ドイツ人は鶏を思い浮かべるところが面白い。じゃがいもの芽や草花のツボミのこともドイツ語では Auge と言う。ずいぶん日本語とは異なるようだが、少し考えてみて日本語の「芽」も実は「目」と同語源だと気づいてみれば、ほとんど相違はないことになる。スープに浮かぶ脂肪の粒も Auge だそうだが、日本料理では比較されるべきものがない。面白いのは船などの「丸窓」で、Bullauge「雄牛の目玉」と言う（英も bull's eye）。思い出すのは英 window「窓」が実は中英語 windoʒe、すなわち「風の目」であったことである。ドイツ語は早くラテン語 fenestra をガラスをはめた南欧式の窓に用いるようになり、現在に至っている。第二に、孔状のものもドイツ語日本語共通に Auge ／目で表わされている。縄やひもの丸い結び目、輪、環などだが、ただし日本語では「目」が使われる「垣根の結い目」や「針の目」には Auge は使わない。孔あきチーズの孔も Auge だが、これは日本語にはない。

第三に平面に描かれた目状のもので、サイコロの目。これは日本語も同じである。蝶や孔雀の羽根の孔形の斑紋（だから中国語では「孔」雀という）は日本語では「目」とは言わない。

ところで「目」の関連語に卵の「目玉焼き」がある。私たちは何でもなく使っている言葉だが、これはドイツ語では Spiegelei すなわち「丸い鏡のような卵」と言う。まちがっても *Auge(n)ei などと言ってはなりません！——少し話が脱線するが、「目玉」はドイツ語で Auge、「卵」はドイツ語で Ei だが、ほぼ同発音の英語 eye は「目玉」……。このややこしい関連で私はかつて苦い思いをしたことがある。イギリス人女性のお客があって、私は朝食に目玉焼きを作ろうと考えた。しかしひょっとしたらゆで卵か煎り卵の方がよいのかなと、余計なことを思って、よせばいいのに下手な英語で尋ねてしまったのである：How would you like to eat your eyes? 目玉焼きという言葉がまず念頭にあり、卵はドイツ語では Ei であり、しかしアイは英語では目であり……。さまざま複雑な心理的言語的もつれがあってこのようになってしまったのである。そのときの彼女が大きく目を見開いた顔が今も忘れられない。皆様も御用心御用心。

もうひとつ。日本の古美術や古書籍の業界には「目あか」という言葉がある。「目垢」と書くのだろう。きっと「手垢」をまねて作られた言葉で、あまりたくさんの（本気で購入する気のない）客に貴重な品を見せると「目垢」が付くといって忌むのである。「垢」は普通はSchmutzで、「手垢」はSchmutz durch Finger／Händeとでも言えばいいだろうが、「目垢」はそのままでは決してドイツ語には（多分英仏語などにも）なりません。非論理的な発想の用語であるから、論理を重んじるドイツ語には翻訳しようがないのである――とはいえ、日本にいるドイツ人骨董愛好者が *„Augenschmutz“と言っているのを聞いたことがあるが、それは「目垢」をそのまま直訳した彼らだけに通用するjargonであって、一般のドイツ人だったら必ずそれを「目やに」Augenschmalzか、あるいは目に入ったゴミの意味に理解するだろう（Schmalzはschmelzen「溶ける」と同源で、動物性の食用油脂のこと。Gänseschmalz「ガチョウ脂」などは高級品である）。

28　いくさ

竹内浩三という詩人（あるいは漫画家）がいた。とは言っても漫画家兼詩人として大成したドイツの大先輩 Willhelm Busch とはちがって、浩三氏は無名のまま 24 歳で戦死した。死後彼の人柄を愛し彼の作品を高く評価した友人たちや熱心な研究者の手で作品が出版され、真価が広く認められるようになっているのは嬉しいことである。

戦争とか兵士とかに最も不向きな人間が、いやおうなく兵士にさせられ、命まで失わなければならないその不条理を浩三氏は淡々とわかりやすい言葉でうたう。20 歳ばかりの青年がどうして……と驚くほどの深い洞察をもって、自分が白木の箱で（つまり戦死して遺骨となって）戻ってきたときの日本のことまでうたう（「骨のうたう」）。

彼の詩には「戦争」という言葉はあまり見あたらない。散文のアフォリズムめいたものにはある：

・僕だって、戦争へ行けば忠義をつくすだろう。僕の心臓は強くないし、神経も細い方だから。（「戦争について」）
・戦争は悪の豪華版である。（「鈍走記〔草稿〕」）
・戦争しなくとも、建設はできる。（同上）

しかし、リズミカルな本来の詩には「いくさ」が用いられる：

　街はいくさがたりであふれ
　どこへいっても征くはなし　勝ったはなし

（中略）
ぼくがいくさに征ったなら
一体ぼくはなにするだろう　てがらたてるかな
（中略）
そんなまぬけなぼくなので
どうか人なみにいくさができますよう
成田山に願かけた
（「ぼくもいくさに征くのだけれど」）

また愛読書の余白にひそかに書きつけられた「書き置き」にも「いくさ場」という言葉が出ている。浩三氏には「戦争」は散文的・即物的すぎて、自分の口語詩には「いくさ」を選んだのだろう。確かに「戦争」は漢語であり、日本では古来ことさら漢文体で書くとき以外は用いなかったのだが、明治以降近代的軍制がそなわってから一般的となった（軍事にかぎらず、維新以後新しく採用されたものは、ほとんどすべて漢語で表現されたのだ）。これに対し「いくさ」は純粋な大和言葉（原義は「矢を射ること」？）で、はじめは武人を指したが、平安期から戦闘そのものに意味が移ったらしい。

さて、浩三氏の詩「ぼくもいくさに征くのだけれど」を独訳しようと思ったら、「いくさ」はどうしよう？　一般的なのはKriegで、in den Krieg ziehen「出征する」となるだろう。Kriegはあまり響きのよくない言葉で、私の個人的な感情を言ってもよければ、この言葉を発音するときのドイツ人の「クリィー！」と口を横に引きしめた顔つきさえなにかまがまがしい……。

それはともあれ、不思議なことに、不吉ながら実に実に使用頻度の高いこのKrieg、語源不詳なのである！　古高独語では「頑固な」という意味の合成語中にkriegが見られるのみ。中高独語になるとkriecは当初は「努力、頑張り」だが、後に「対抗、争い、闘争」となり、ついに末期には「戦争」の意味を得る。ルターに至れば現今の Krieg と何の変わりもない。オランダ語にも同系の krijg があるが、現今は廃れて、oorlog に取ってかわられている。この oorlog「戦争」、実は Krieg よりも系統のはっきりした古い単語で、ドイツ語でも古高独語 urliugi、古低独（古ザクセン）語 urlogi、中高独語 urliuge として登場している。前半の oor-, ur-,（時に）or-, は除外あるいは選抜を示し、後半は独 legen と同根で Lage の意、すなわち「（神によって）選ばれた状況」、つまり「戦争」を神の定めと考えるわけである（異説もあって「婚約解除の状態」とも解釈できるそうだ）。中高独語末期まではこの系統の語の方が優勢だったのだが、次第に南独系の Krieg に取ってかわられたわけである。

ついでに英語の war について一言。少し驚くのだが、war も 12 世紀ごろが初出で、しかも古仏語からの借入だということである。古英語では（ドイツ語もそうだが）ゲルマン語伝統の「闘争、たたかい」を表す単語はたくさんあって wīg, hild, winn, gūđ など、現在は人名の一部となっているものが多いが、それらを適当に（たとえば頭韻詩構成の必要に合わせて）使用していた。ドイツ語にも当てはまることだが、この時代には現代の「戦争」を表す一般的な言葉はなかったのである。そして war のもととなった古仏語 werre も実はゲルマン祖語 *wersō「混乱させる」から来ている。古高独語の warra「紛糾、不和、闘争」、古低独語 werran「争う」などからわかるように、ゲルマン語が（もともとゲルマン系要素の濃い）ノルマン王朝から英国に伝えられ、現在に至っているのである。ところがゲルマン系の we- 音はフランス語では gue- 音として理解されたので、そこで古仏語初期の werre はやがて guerre「戦争」となって現在に至っている。

この「混乱、ごたごた」を表すゲルマン語は現代独語 Verwirrung「混乱、錯乱」や Wirrwarr「ごたごた、大騒ぎ」などにしっかりと生きのびている。

戦争はいつでも理性の錯乱のあげくの暴力による紛糾解決の方法

であるらしいが、錯乱は錯乱を呼び、暴力は暴力を生む。Krieg も war も guerre も、もういいかげんに人間の世界から消えてほしいものだ（もちろん少しは雅語めいた驚きの「いくさ」も）。

付け足しをひとつ。名詞 Krieg は（少くとも私には）ひたすら忌まわしいが、動詞 kriegen には「戦争」の臭いは皆無で、「もらう、手に入れる」の意味で実によく使われる動詞である：Endlich habe ich eine Arbeit gekriegt!「やっと仕事が見つかったよ」、Darf ich das kriegen?「これ、もらっていい？」など、bekommen とまったく同義で、bekommen よりややくだけた俗語口調と言っていい。中高独語の erkriegen「（努力して、競って、争って）得る」が努力や競争と無関係に単に何かを「入手する」意味になったのは中世末期ごろで、そのうち接頭語 er- をも失い、中部や中東部のドイツ語（すなわちルターの言語でもある）を中心に全国に広まった。「戦争をする」という物騒な方の動詞（ただし強変化）kriegen もかつては存在したが、現在は死語となっている。

29　コンビニで快適に

bequem「快適な、安楽な」はドイツ人の好む言葉のようだ。お客にはMachen Sie es sich[3] bequem!「どうかお楽に」と座席をすすめ（このsichは「あなた自身にとって」）、自分が客のときはO, der Sessel ist sehr bequem!「この椅子は座り心地がいいですね」と誉める。ein bequemes Leben führenは（たくさんの年金やら遺産やらで——いや理由はどうでもいいが）「悠々と安楽に暮す」ことで、ドイツ人の（いや、だれでもの）理想である。

ただしbequemは諸刃の剣である。本人にはbequemでも、他者から見たらbequemすぎて困ることがある。つまり「のんきな、おっくうがりの、無精な、なまけの」というニュアンスである。Er ist ein bequemer Kerlは「奴は無精者だ」ということで、別に彼が快適な人間だというわけではない。「快適な、安楽な」の同義語にはangenehmやbehaglichがあるが、これらには「無精な」の意味はない。このbequem、ベクヴェームというちょっと変わった発音のせいもあって、フランス語あたりからの借入語か、という気もするのだが、とんでもない、正真正銘のドイツ語である。

古高独語では9世紀後半の僧オトフリートの『福音書』（*Evangelienbuch*）にこんな例がある（IV. 7, 63 − 64）：

Sagta er tho then liobon　　fon then zehen thiorunon
bilidi biquami　　joh tharazua gizami:

彼（＝イエス）は弟子たちに10人の娘について語った。
適切で、しかもうってつけのたとえを。

前にふれたようにドイツ最初の脚韻の試みであり、1行目のliobonとthiornonは不完全な、2行目のbiquamiとgizamiは完全な脚韻となっている。このbiquamiという形容詞はpassend「適切な」ほどの意味で、現代語のbequem「快適な」とは多少異なるが、理解できないことはない。

中高独語では形容詞bequæme、bekom(en)lichとして多出する。意味は古高独語と同じくpassend、tauglich「適切な、適任の」であるが、副詞bequāme、bekōmeとなると「すばやく、楽々と」の意味を得て、現代語に近づく。-qu-という文字に迷わされるが、実はこれは-k-と考えればよい。つまりkommen（古くはkw-という語頭音をもっていた）の関連語quami-、quæmeにbe-という接頭語が付いたものである。もとにあるのは動詞bekommenである。私たちはbekommenというとすぐ「受け取る、入手する」と考えるが、それは他動詞としての用法であって、実は自動詞のbekommenもあることにあまり注意しない。食物や気候などが「合う」が自動詞bekommenの意味で、たとえばDas Klima hier bekommt mir nicht「ここの気候は私には合わない」とか、食事や乾杯のときのWohl bekomm's（Ihnen）！「よろしく召上がれ、乾杯」などである。後の例のbekomm'sはbekomme esで、bekommeは接続法Ⅰ式の要求話法。つまり「これがあなたのお口によく合いますように」ということ。もちろんesが主語である。

さてこの自動詞はkommenの根本にある「来る」に発展・変化を強調する接頭辞be-がついたもので、「……ということになる」が原意である——と、すぐ思いつくのは英語のbecome「……になる」である。そして英becomeには「似合う」という意味もあって（たとえばThis dress becomes her very well）、ドイツ語のDas Essen bekommt mir gutと基本的には同じである。衣服や飲食物という使用領域のちがいはあるにしても。

中高独語にはbekom(en)lichという形容詞もあって、bequæme

とほとんど同義だった。現在では bekömmlich「身体にいい、消化がいい」としてもっぱら食物に関してのみ用いられるようになっている：eine bekömmliche Speise「消化のいい食物」。

これで bequem の成り立ちはほぼ判明したのだが、すると急に不思議に思えてくるのが「入手する」という意味の他動詞 bekommen である。古高独語の biqueman は自動詞であり、「到達する；生じる、適合する」などの意味しかない。中高独語の bekomen もほぼ同じなのだが、ところが２格の目的語とともに、たとえば des schadens bekommen「損失に関して（よい結果に）到達する→弁償してもらう」のように用いられる例が次第に増え、やがて４格目的語をとる他動詞も成立することになる。ただし中高独語ではまだ一般的とは言えず、初期新高独語の段階ではじめて現状に近づく。

自動詞から他動詞に移る場合、とても重要な役を演じるのは接頭辞 be- である。be- は非常に広大な意味機能をもっているのだが、ここではいわゆる「他動詞化の be-」の典型的な例が見られると言ってもよい。「他動詞化の be-」はたとえば in das Zimmer treten「部屋に入る」が das Zimmer betreten に、um einen Toten weinen「死者を悼む」が einen Toten beweinen に、für jemanden kochen「だれかのために食事を作る」が jemanden bekochen に言い換えられる場合の be- である。だから他動詞 bekommen も、たとえば Er ist zu Geld gekommen → Er hat Geld bekommen のようなプロセスで成立したと考えれば、判然とする。

bequem から少し脱線してしまったが、最後にもうひとつ。英語 convenient「好都合な、便利な」の語源はラテン語 conveniēns で、動詞 convenīre（直訳すれば「一緒に来る」）の現在分詞である。またゴート語にも ga-qiman（独訳すれば zusammenkommen）という動詞があって、その非人称３人称単数形 gaqimiþ が「ふさわしい」の意味で用いられている。つまり「快適な、ふさわしい」を「来る」という動詞と、結合・合体を示す接頭語（con-, ga-, be- など）で表現するのは、古い伝統があると言うことができる。

現代の日本でコンビニを抜きにした生活はほとんど考えられないほど、コンビニ、すなわち convenience store は定着している。もしこれを *bequemes Geschäft とでも独訳したら、言語学的には筋の通った名詞のはずだが、だれもまさかコンビニのこととは思わないだろう。

この bequem はゲーテが好んだことが知られている。何でもあまり多用すると価値が下がるのはこの世の常。「無精な、なまけの」というネガティヴな色彩は 18 世紀ごろからだそうである。

30　Kartoffel

独語史の授業。中高独語の辞書を紹介し、いくつかの単語を実際に引いて調べてもらう。A 君に「新高独語のジャガイモ Kartoffel の中高独語形はどうなっているのか調べてください」と頼んだ。その前に中高独語から新高独語に移るときのさまざまな音韻変化の原則は話してある。A 君は M. Lexer の『ポケット中高独語辞典』をあちこちめくっては「ナイ、ナイ」とつぶやく。「のっていません」と答える。「ポケット辞典にのっていなかったら次はどうするんだっけ？」と私。「エー……次は３冊本の『中型辞典』を見るのですね、ハイ……」と彼は研究室のすみに置いてある M. Lexer: *Mittelhochdeutsches Handwörterbuch* の方に手をのばす。そしてまたバタンバタン（大きい本なのです）とひっくり返す、パラリパラリとページをめくる。そしてまた「ないな……おかしいな……」とつぶやく。ついにこらえきれなくなった私がプッと吹きだすと、それまでニヤニヤしていた他の受講生がゲラゲラと笑う。だれかが「A 君、コロンブス、コロンブス！」と教えてやって、A 君は憮然呆然、しかしそのうち自分もつられて笑いだし、「あはは、あほらし。先生も人が悪い」とブツブツ。

そうです。『ニーベルンゲンの歌』の英雄ジークフリートも美姫クリームヒルトも、はたまた情熱のとりことなった不倫のカップル、トリスタンもイゾルデも、歌合戦の騎士タンホイザーも、みんなジャガイモの味は知らなかったのです。どんな大きな中世語辞典を引いても、ジャガイモはのっていないのである。トマトも同様で、両者とも南米ペル－と中米メキシコから 16 世紀になってスペインに渡来したのだから。

ドイツ人は本当にジャガイモが好きだ。数限りなく調理法はあるが、究極はジャガバタ（ゆでたジャガイモをバターと塩で食べるもの）に尽きるらしい。日本でも北海道の人はそうおっしゃる……。そのようにドイツ人の食卓に深く深く根づいているジャガイモが、わずか250～260年くらいの歴史しかもっていないのはいぶかしいが、しかし事実である。あのインカ帝国の残酷かつ野蛮な征服者ピサロあたりが、16世紀半ばにイベリア半島にもたらしたのがヨーロッパ初登場らしい（先ほどのA君の仲間たちの「コロンブス！」という救いの声は、だから正確ではない。まあ、「コロンブス以降」というひとつの時代区分の言葉としてならよろしいでしょうが……）。そこからブルゴーニュを経て、イタリアやドイツに達した。大航海時代以降は博物館への関心が全ヨーロッパに高まったので、ジャガイモも1588年にはフランクフルトの植物園に植えられたそうである。この当時はまだ観賞用だったが、17世紀初頭には珍味として王侯貴顕の食卓にのぼるようになった。しかし麦などの数倍の収穫率であることが知られるようになって各地で普及しはじめ、特にドイツでは30年戦争（1618－48）の結果、困窮した農民にとってジャガイモは貴重な産物となり、一般化したのであった。とりわけ一大強国となったプロシヤのフリードリヒ大王（1712－86）がジャガイモの価値を認めて奨励したことは、ジャガイモがほとんどドイツ特産品とまで認められるようになるのに大きな貢献をした。これを普及させるのにわざと有毒植物だと宣伝させ、しかもそれを貴重植物として王宮庭園で栽培させ、好奇心にかられた人たちに盗ませるように仕向けた――などという話が伝わっている（この手の話は眉につばをつけて聞く方がよいだろうけれど）。

さて、このジャガイモのドイツ語名Kartoffelは、いかにもドイツ語らしい響きの単語だと信じられておられる人にはお気の毒だが、奇妙な混淆外来語である。最初ジャガイモはそれがもたらされた南米の現地での名papa, patata, batataがスペイン経由で各地に伝わった（実はpatata, batataはサツマイモのことでハイチ語由来であり、ジャガイモのことではなかったのだが、いつか混同されたらしい）。現在のイタリア語patata、英語potatoもそのグループである。だが以前のイタリアには、ジャガイモをその根茎の形が地中に生じる高級キノコと似ているところから「松露、トリュフ」と同じ名でtartufo、tartufuloと呼ぶ土地もあった。俗ラテン語の *terrae tufer「地のこぶ」の訛ったもので、フランス語truffe「松露」とも同系語である。イタリアの標準語ではpatataが優勢になったが、この松露に由来するtartuffelが――語頭音を少し変えて――ドイツに伝わってKartoffelとなったという次第。

フランス語ではジャガイモをpomme de terre「地のリンゴ」というが、オランダ語も同じくaardappelといい、ドイツ語でも南部（特にオーストリア）でErdapfelという地方がある。西南地方にGrumbeereという言葉も見られるそうだが、これは *Grundbirne「地の梨」から来ているようだ。

蛇足であるが、日本語のジャガイモが「ジャガタラ・いも」、すなわち慶長年間ころジャカルタからもたらされた故の名称であることは、どなたもご承知のとおり。ただし実際は江戸期にはジャガイモそのものが一般的でなかったから、「ジャガイモ」は明治以降に通用しはじめた名前だろう。ジャガイモより少しだけ四角ばった感じのする「馬鈴薯」も明治以降であることは当然で、学者かお役人あたりが作ったのではあるまいか。古代の駅馬につけられた鈴に形が似ているからか、あるいは荷馬の首にたくさんつける鈴のようにたくさん地中に実るその様子からか……いずれにしろ、漢文脈の文章に非常にくだけた「ジャガイモ」はまずい、という発想だったと思われる。

原産地のペルーでは今も何百種ものジャガイモが栽培されているという。名高い都市遺跡マチュピチュの周辺でも、何百メートルの高さの段々畑でジャガイモが作られているとのこと。マチュピチュを訪れるときは、どうぞこの段々畑にもご注目を。

L. Richter 画「勤勉な従弟」

31　天国果実

生粋のウィーン子である友人に久しぶりに再会し、鴨川畔の居酒屋でしゃべっていたら、「君、Paradeiser って何だかわかるかい？」と聞く。小さなサラダのお皿を突きながら。Paradeiser ？　エデンの園、パラダイス（Paradies ／ Paradeis）に関係するのはまちがいないけど……「極楽の人？　それとも天使？」「いや、そうじゃなくて、Paradeisapfel と言ったらわかるだろ？」とサラダの中のトマトを箸で指す。ヘーエ、初耳だ。「たいていは簡単に Paradeiser と言うけど、-apfel をつける人もいる。でも Paradeisapfel は本当は極上のリンゴのことだったんだ」。トマトを「極楽（の）果実」と呼ぶとは、ウィーン人も変わった連中だなと私は思った。あの見事に赤い果実を見て、彼らはエデンの園でアダムとイヴが食べた禁断の木の実もかくやと思ったのだろうか。ヘーエ……あまりトマトの大ファンでもない私は首をひねったものだ。

あとで少し調べてみた。トマトもジャガイモと同じくペルーのアンデス山脈あたりの原産である。しかしトマト栽培は主にメキシコでおこなわれ、現地の名称とともに、やはり大航海時代にヨーロッパにもたらされた。はじめは観賞植物だったこともジャガイモと同じである。イタリアやフランスでは早くから食用としたが、ドイツで食べられるようになったのは 19 世紀前半とか（日本でもあたりまえの食品になったのは戦後ではなかろうか。私の少年時代にはトマトは絶対食べない、または食べられないという人が珍しくなかったように思う）。ヨーロッパでも日本でも、あの独特の味と食感から有毒と思われた時代もあったらしい。蛇足ながら、18 世紀初めの貝原益軒の『大和本草』にもう「唐ガキ」として載っているそうだから、長崎の清国やオランダ相手の貿易ですでに渡来していたのだろう。

このParadeiserはもっぱらオーストリアとバイエルンの一部で通用する名前だが、古くはなんとLiebesapfel「愛のリンゴ」という名でも全ドイツに通用したらしい。いささか驚いた。H.Paulの辞典では「おそらく赤が情熱の色であり、またリンゴがしばしば愛の魔力のシンボルとみなされるから」と説明してある。すべての根本にアダムとイヴの禁断の果実があることは確かだろう。いろいろ辞書を調べてみると、Liebesapfelは単語として「乳房」やHodenを指すこともあるらしく、それとトマトとどう関係するのか、私などの単純な頭では理解できそうにない。そしてLiebesapfelは「トマト」としては今は死語なのだが、しかし縁日の屋台などで売っている赤い糖衣をまぶしたリンゴについては現役なのだそうだ。どうもリンゴに対するヨーロッパ人の想念は深くて重い。

さてウィーンの友人との（差しつ差されつしながらの）歓談はParadeiserを離れて、オーストリアという古い国の、同じドイツ語を使うドイツとのいろいろな違いに及んだ。古い古い国であるゆえに肩書が非常に大事であるそうな。そこで私が「いや、日本でも職業がよくわからない人にはだれにでも社長！　とかセンセイ！　と呼ぶよ」と口をはさむ。しかし彼の話を聞くと日本の「社長」とちがって、アカデミックな肩書が非常に重要なのだという。Herr Professor!　とかHerr Doktor!　とか呼ばないと失礼で、そしてその人物が本当にProfessorかDoktorかはだれも問わないのだそうな。現に彼が学長時代——彼はエライ人で学長までつとめたのです——学長専用車の運転手さんも至るところでHerr Doktor!　と呼ばれたのだそうである。私は驚いた。ドイツがとても学位を重視する国で、レストランのサインにまで麗々しくDr. ×××と学位を記入するのに呆れはて、ドイツはakademischer Snobismusの国だねと悪口を言っていたのだが、なんとオーストリア、とりわけウィーンはもっと上を行っているのだ！

伏見の銘酒がだいぶまわってきて、舌なめらかにまださまざまのウィーン風の akademischer Snobismus を語ってくれたのだが——いかんせん私も陶然として気持よくフムフムとうなずきつつ聞いてはいたのだが——実はみな忘れました。ゆったりした、なにやら抑揚の多いウィーン言葉にこころよく酔い、覚えているのは次のことくらい——少しキザなインテリたちは、Guten Tag も Grüß Gott も使わないで Ich habe die Ehre（直訳すれば「光栄に存じます」）と挨拶するのだそうな（お別れにも）。それからレディやエライさんには Küß die Hand!「お手に接吻させてください」とうやうやしく言う連中もたくさんいるそうな。なにやらモーツァルトの時代が続いているみたいだね、と私が言うと、彼は真顔でうなずくのであった。

店を出ると Servus!　と言って手を握って別れたのだが、これがこの世で彼の Servus を聞く最後となるとは思いもしなかった（——Servus はラテン語で Diener の意味、「僕は君にいつでも喜んで奉仕するよ」ほどの意味の、オーストリアかバイエルンでの学生用語）。今ごろは Paradeis で Paradeiser でもかじっているかしら。

32　Gemütlichkeit

何年か前にゲーテ・インスティトゥート Goethe-Institut（ドイツ語・ドイツ文化を外国に普及させるためのドイツの国際交流機関）主催で、ドイツ語で一番美しい言葉は何か、世界中に問うコンテストの企画があった。22000 を超える単語が寄せられ、トップ 100 語ほどが（順位はつけずに）1 冊の本にまとめられていて、パラパラと見ているだけで面白い。外国からの応募も多いので、決してドイツ人による人気投票ではないのだ。

私の注意を引いたのは Gemütlichkeit「居心地よさ」が 2 人のアメリカ人によって選ばれていたことである。この言葉はドイツ人が熱愛する単語だから、ドイツ人による得点が高いかと思っていたのだが、ひょっとすると好きな言葉と美しい言葉とは一致しないのかもしれない。

gemütlich はこせつかない、ゆったりしたくつろいだ気分を表す。たとえばお客が O, wie gemütlich ist Ihre Wohnung! 「まあ、あなたのお住まいは何て居心地がいいんでしょう」と言ってくれたら、居住文化を何よりも大切にするドイツ人にとっては最大の誉め言葉となる。これの名詞 Gemütlichkeit も同じことである。Gemütlichkeit ist ihm das Wichtigste「ゆったりくつろぐのが彼には一番大切なことなんだ」。あるいは deutsche Gemütlichkeit「ドイツ人好みの安楽さ、くつろぎ」という表現すらよく耳にするほどである。

以前に見た bequem、Bequemlichkeit とよく似ているが、bequem にはついてまわるネガティヴな「のんきな、無精な、怠けの」というニュアンスは、gemütlich にはあまりない。

さてこのgemütlichがGemüt「心情、気質」の派生語であることは言うまでもない。そしてGemütはMut「気持、心情；勇気」（英mood）（「勇気」という意味は16世紀から）に集合体を表す接頭語ge-（ラテン語でco-，con-）がついて、感情や思考の総体を表すこともすぐ見当がつく。そして中高独語gemuotlîch（またはgemüetlîch）「心に適うような、快適な」を経て現在のgemütlichに至るのだが、この-lîchのついた合成形は古高独語にはまだ存在しない。gimuatiという形容詞「心に適う；親切な、幸せな」が9世紀後半のオトフリートの『福音書』に見られるだけである。一例を挙げてみよう：

thera giloubun festi　irkant er in ther brusti;
was druhtine iz *gimuoti,*　joh lobota sus thio guati.

この女の胸にある信仰の堅さをイエスは見た。
これは主の心によく適い、彼はこの良き女をこう誉めた。
（第3の書、10章41－42）

「マタイ」15章21節以下のカナンの女の信仰の箇所である。ここのgimuotiは「心に適う、気に入る」という形容詞で、現代語のgemütlichの持つ意味にはまだほど遠いことがわかる。新高独語に至っても長らく「心に関する、心に適う」が主要な意味であり続け、やっと19世紀、特にゲーテなどが多用したことによって今日の「居心地のよい」という意味が定着したらしい。今ではしばしばドイツの特性とさえ称される――とドイツ人が信じたがっていると言った方が正確な気もするが――gemütlichとGemütlichkeitは、それほど長い歴史をもっていないわけである。

さて、Gemütlichkeitをドイツ語の最も美しい言葉に選んだ2人のアメリカ人の意見を聞いてみよう。まずWilliam Evenden氏。

「Gemütlichkeit は意味がとても広くて、英語の一語あるいは数語でも訳しきれません。たとえば英語の coziness も似てはいますが、とうていドイツ語の意味をカバーできないのです。私は何年かドイツに住みましたが、この言葉を英語圏の人に翻訳しようと何度も試みました。Gemütlichkeit は英語だったら、いくつもの文章を使ってやっとどうにか表現できるような、あるすばらしい雰囲気のことなのです」

次に Alexandra Springer さん。

「私がこれを選んだのは、これは他の言語に翻訳不可能だからです。Gemütlichkeit は自分で体験するしかありません。そうしてやっと何だかわかるのです。ひとつの感覚を超えた何かで、その中ではなんとなく万事がオーケーなのです。この言葉を言い換えようと試みることはできますが、でもそれが本当に何であるかを知るには、体験するしかありません。もしかするとこの言葉はドイツにしかないのかもしれません。だって本当の Gemütlichkeit はドイツでしか体験できないのですから」

19 世紀の小市民世界をあたたかく、そしてユーモラスに描いた画家シュピッツヴェーク（Karl Spizweg）あたりの作品に、多くのドイツ人は Gemütlichkeit を感じるようである。私もシュピッツヴェークは大好きで、その結果私の書斎などはだんだんシュピッツヴェーク描くところの Gemütlichkeit に満ちあふれた部屋に近づきつつある（と思う）のだが、遺憾なことにそこを訪れるドイツ人は「ここにあるのは Gemütlichkeit ではなく、Schmutzigkeit だ」と笑うのである。ドイツ人の Gemütlichkeit にはドイツ的 Sauberkeit および Ordnung がまず前提であるらしく、紙屑や読みかけの多くの本やコーヒーカップやチョコレートや目薬やらが（少しほこりにまみれて）散らかっていたら、たとえどんなにその部屋の住人の主観にとって居心地がよくとも、もう gemütlich と呼んではいけないらしい。そこで私は engstirnig!　と（声には出さずに）つぶやくのである。

L. Richter 画「今を楽しむべし」

33　ドイツ式朝食――パンのあれこれ

ドイツ人の朝食は簡素だが、しっかりとエネルギーに富む。ライ麦にいろいろな麦を混ぜた黒パンや丸い小型の白パン、チーズ、ソーセージ、ジャム、蜂蜜、そしてコーヒーというのが典型的だろう。おいしいのだが、黒パンになれるには少し時間がかかる。私は初めてドイツに行って車内販売の黒パンのサンドイッチを食べたとき、あまりに固くてすっぱいパン、また臭くてコチコチのチーズに辟易して窓から捨てようかと思ったほどだった（もちろん貧乏書生の身とて、ビールでのどに流しこんだのであったが）。

その黒パンの中でも特にドイツ人好みなのがプンパーニッケル Pumpernickel と呼ばれるライ麦パンである。歯の弱い人には不向きなほどライ麦の一粒一粒が自己主張して歯ごたえがあるのだが、噛みしめるほど味が深くて腹もちがし、日本人でも病みつきになる人が多い。

Pumpernickel という名称は全ドイツで通用し、どんな上流人士でも貴婦人（私はあまりお目にかかったことがありませんが――）でも普通に口にする言葉である。ところがその響きの面白さにひかれて語源辞典に手を出したりすると、イヤハヤ、その後ではこの単語を発声するのが少しためらわれることになりかねない。というのはこの語の本来の意味は「屁こきのクラウス、おなら野郎」なのだから。

ライ麦パンは腸を刺激し、結果としてガスが発生する。実は pumper は「プーッ」という擬音で、初期新高独語にもう「おなら」として登場、あの素朴な物言いを好むルター先生も類似の表現をよく用いたそうだ。南独では「ドシドシと音を立てる、音がする」を今でも pumpern と言う。

後半の -nickel は人名の Nikolaus、すなわち 4 世紀の聖人ニコラウス Sankt Nikolaus のこと（ここからサンタクロース Santa Claus という名前が生まれた。Sante Klaus というオランダ方言がアメリカに伝わって、全国に広まったのである）。聖ニコラウスは舟乗り、子供、商人などの守護聖人として中世ヨーロッパにおいて崇拝され、男性の名前ナンバーワンともなった。近世になって聖者信仰がうすれると、Ni- を失った短縮形 Klaus が一般的になり、日本のヒロシ君やススム君のようなありふれた人名として今日に至っている。もうひとつの短縮形が Nickel（-el は南独系の縮小を示す接尾辞）で、これが Pumpernickel の後半部 -nickel なのである。だから Pumpernickel の直訳は「ブーッとおならする男の子クラウス」ということになる。17 世紀に用いられはじめた当時は特に黒パンのことではなく、「無作法な男、野人」という罵言だったのだが、やがて兵隊用の粗末な黒パン、そして後には特にウェストファーレン地方産の黒パンの代名詞に転じたということである。

現代のドイツ人で Pumpernickel をおいしく食べながらその語源まで意識する人は、まず皆無である。だから読者の皆様もどうぞ決してこの語源説を気軽にドイツ人に――とりわけ食事の席で――ご披露などなさいませんように。面白がってくれるかもしれませんが、心の中では「この不作法者、日本製 Pumpernickel め！」と罵られている可能性が高いのですから。

ついでに金属のニッケル Nickel について一言。民話でおなじみの小人コボルト Kobold は鉱山労働者の間で、いたずらもするが、大いに助けてもくれる「山の神」の一種でもあった。発音が似ていることもあり、また神秘的存在の名前を直接呼んではならないというタブーもあって、彼らは Kobold のことを（鉱山の守護聖者 St.Nikolaus にちなんで）Klaus とか Nickel とか呼んでいた。銅のような色をしているのに銅を含んでいない金属（ニッケル）に腹を立てた鉱夫たちは、これをいたずら妖精コボルトのしわざと見なし、「銅の悪魔」Kupfernickel と呼んだ。ところが 1751 年にスウェーデンの鉱物学者 Cronstedt がこれから新しい元素を取り出すのに成功し、独 Kupfernickel をなぞったスウェーデン語 kopparnickel を短縮して nickel と命名したという次第である。

語源など意識しないのが良識ある人間のまともな生活態度であるから、なにかの折に Pumpernickel の語義についてドイツ人と話してみても、-nickel は金属の Nickel と関係あるのかしら、色かしら、触感かしら——？という程度で話は終わるだろう。そのときこそは「そうです、妖精コボルトの仇名ニッケルなのです！」と説明してさしあげればよい——だが、Pumper- については、よほど親しい間柄でなければ、とりわけご婦人がおられる場合は、「さて、それはどうも……」と上品にほほ笑むくらいに留めておこう。

蛇足をもうひとつ。顔料として使われる鉱物コバルト Kobalt は、長い間鉱夫たちの間でいたずら妖精コボルトが、盗んだ銀のかわりに置いていった役立たずの鉱物と考えられていて、だからその妖精の名で呼ばれていた。17 世紀以降に有用性が知られて、古い妖精名が少し形を変えて全世界に広まったというわけである。コバルト・ブルーの空を見たら、ドイツの鉱山で親しまれていた小妖精コボルトを思い出してみるのも悪くはあるまい。——このコボルトの語源は多くの説があって確定してはいないが、「小屋（ko-）に居つく妖精（Holde）」という説が有力なようである。

34　パン

思いがけないPumpernickelの語源に少しばかり呆然としたので、今度はオーソドックスな（はずの）「パン」を見てみよう。

日本語のパンはポルトガル語のpãoから来ており、南蛮文化の到来で急速に広まったらしい。17世紀初めの慶長14年（1609）には、江戸で世界無比なる上等パンを買えるというメキシコ人の報告があるそうである。いわゆるキリシタン版にはパンがよく登場する。ローマ字で書かれた日本語の天草本『伊曾保物語』ではPanとなっている。

このパンという南蛮系の名称は、キリシタン禁制になってからも生き続け、たとえば18世紀初めの『和漢三才図絵』には「波牟」、同世紀末の『蘭説弁惑』には「ぱん」として書かれ、オランダ人の常食であると説明されている。

パンはオランダ語ではbroodであるが、18世紀終わりごろから刊行されはじめた蘭和辞典では例外なくbroodを「蒸餅」あるいは「麵包」と和訳し、そしてわざわざ「パン」とルビをふっているのである（『訳鍵』、『蛮語箋』、『和蘭文典字類』など）。とすると、当時の識者層の間では「パン」という言葉がよく知られていたということになるのだろうが——不思議である。そしてこの「パン」は現代に至るまで延延と用いられ、たとえ英国式やドイツ式のベーカリーに行っても決して「ブレッド／ブロートを下さい」などとは言わない。「パン」はヨーロッパから日本語に入った外来語の中で最古かつ最長命の例のひとつであろう。

さてこのパン、ポルトガル語のpãoも、イタリア語のpaneもフランス語のpainも、すべてラテン語pānisに由来する。「発酵する、膨れる」が原義とされているが、定説はないようだ。

パンは麦の生産地においてはほとんど例外なく太古から知られていたそうである。ただし手間がかかることもあって庶民のものとは言えず、支配者層の御馳走であったが、ローマ時代の盛期にはもうほぼ現代と同様のパンが作られていた。しかし庶民や兵士は固い黒パン、上流人士は柔い白パンという差は、中世を経て20世紀前半まで生きていたようである。雑穀の粥が主食であったゲルマン人にもごく古い時期にパン文化は広まり、だからBrot／breadのような自分たち固有の名称をもって呼んだのである。さもなければ、きっとラテン語pānis系統の名称が採用されたことであろう。

独Brot、英bread、蘭broodなど全ゲルマン語に共通のこの単語の由来については諸説あるが、大方は「発酵する、膨れる」が原義という点で一致している。brennen「燃え(あが)る」、braten「揚げる」、brühen「ゆであげる」、Brei「粥」などと同系というわけである。8世紀ごろからほとんどすべてのゲルマン語に現れるのだが、ただしゲルマン語最古のゴート語には見られない。ゴート語ではhlaifsである。「ルカ」4章3節、ヨルダン川で洗礼者ヨハネから洗礼を受けたイエスは40日間荒野で悪魔から誘惑される。空腹のイエスに悪魔は言う。「神の子なら、この石にパンになるよう命じたらどうだ」: jabai sunaus sijais gudis, giþ þamma staina ei wairþai *hlaibs*. これに続いて有名な「人はパンのみにて生くるにあらず」: ...ni bi *hlaib* ainana libaid manna...（後代の古高独語や古低独語はここにはbrôt／brôdを用いている）。現代独Laib「パンのかたまり」の原形であるこのhlaibsないしhlaifsの語源も判然としない。「こねる」が原義という説がやや有力だが、いずれにせよBrot系よりも古風な単語で、もしかすると古いタイプの無発酵パンのことを指し、Brot系はより新しい発酵パンを意味したのかもしれない。

9世紀初頭の古高独語タツィアーン（*Tatian*）の散文『福音書』においては、ラテン語原文のpānisは大部分brôtで訳され、(h)leib

は数例にすぎない。意味の違いも皆無である。9世紀後半の脚韻叙事詩、オトフリートの『福音書』においても事情は同じである。

どちらかというとhlaifs系は南ドイツに多く残り、北から中部まではBrod系が圧倒しているようである。南独ニュルンベルクあたりの名物でレープクーヘンLebkuchenというコショウと蜂蜜の入った菓子があるが、このLeb-はHlaifs／Laibから来ている。だからもともとは「パンのかたまりのような菓子」ということだったのだ。

このLaibの意味から、英語のloafを連想するのは容易だろう。古英語でhlāf、中英語形はlofであるが、ドイツ語の場合と同じく古いhlāfはより新しいbreadに取ってかわられて、現在のloafに「パン」の意味はなく、ただ「パンのひとかたまり」でしかない。

ここで面白いのは、現代英語lord「主君」の古英語形はhlāf-weard「パンの守り手、一家の保護者」であり、またlady「淑女」の古英語形はhlāfdiġe「パンをこねて作る人」であることである。一家や一族の女主人が自らこねてパンを作り、男性の主人がそれをしっかりと保管して、家族・一族の者たちに適宜配分する――そういう古代中世の社会構造が透けて見えるような表現である。他のゲルマン諸語には対応形が見られないので、これらは古英語の詩において特に愛好された「ケニングkennig」という隠喩表現の一種と見てよいだろう。ケニングは、たとえば太陽のことをheofon・candel「天のろうそく」、「海」のことをswan・rād「白鳥の路」と言い換える類である。古ノルド語の韻文『エッダ』と古英語詩に特有の技巧である。したがってやや古風で雅びな言葉を用いることが好ましく、古英語当時の日常語ではより一般的になっていたbreadは用いられなかったのだろう。つまりhlāfweardやhlāfdiġeのhlāfは単なる食品のひとつである「パン」というより、全員の命を保つ「糧（かて）」という響きを帯びていたのだろう。

パン（とワイン）はキリスト教徒にとっては単なる食べもの（飲

みもの）ではない。イエスは受難の前夜、十二使徒と共に晩餐をとった：彼ら食するとき、イエスパンを取りて祝し、これを裂き弟子に与えて言いけるは「取りて食らえ。これは我身なり」。有名な最後の晩餐であるが、このシーンから、パンをイエスの身体のシンボルとして、すなわち聖体 Hostie（特に「聖餅」と言うこともある）としてミサにおいて拝領する秘跡が生まれた。さて次にイエスはワインを皆に飲ませ、「これは多くの人のために流されるわが血なり」と言う。こうして聖体拝領の儀式 Eucharistie にはパンとワインをいただくことになったのだから、Brot und Wein というのは単なる「パンとワイン」そのものを指すのではなく、宗教的な香気につつまれた（あるいは抹香臭い――？）特別な表現なのである。

蛇足をひとつ。澱粉で作った薄い膜状の物質で、薬を呑むのに使うオブラートというものがあるが、実はこれはドイツ語 Oblate、すなわち上に述べた聖体、聖餅 Hostie のことである。中世ラテン語 oblāta（動詞 offere の過去分詞）hostia「献上された聖餅」の前半部だけが独立して、後に Oblate というドイツ語になった。教会ラテン語で使われるうち、聖別されたものを hostia、未聖別のものを oblata と区別する習わしとなり、だから独 Oblate は小さい円板状の本物の聖餅のみならず、同じような形状のウエハース菓子などの世俗的なものにも気楽に応用されるようになったのである。薬を包む澱粉製の透明なオブラート（聖餅の材質や薄い丸い形との共通点からそう名づけられたのか？）は、さらに世俗度を高め、もはや聖餅とは完全に無縁であるように思われる。聞いたところでは、これは明治 35 年ごろ、伊勢・田丸のお医者さん小林氏が開発して特許を得たものだそうな。「オブラートに包んだような言いかた」という表現まで出来てしまったのだから、このお医者さんの新企画は国語史にも大きな影響を及ぼしたわけである。――ちなみに上の表現はドイツ語に直訳できません。念のため。

35　ワインについて

パンについて語ったらワインも見ておかなくてはなるまい。前に見たようにBrot und Weinはキリストの「肉と血」のシンボルなのだから。

Brotがゲルマン語であるのに対し、Weinがラテン語からの借入語であることはラテン語vīnum、フランス語vin、イタリア語vinoなどからすぐ見当がつく。ゴート語をはじめとしてすべてのゲルマン語に採用されていて、この葡萄から作られる酒へのゲルマン人の愛好度を物語っているように思われる。それまでのゲルマン人は蜂蜜を発酵させた蜜酒Met（英mead）や果実酒しか知らず（どちらもアルコール度はあまり高くない）、新来の香り高い葡萄の酒に魂を奪われたのだろう。

ドイツ人と言えば、まずBier（英beer）を思い浮かべるだろうが、ビールも6～7世紀ごろもっぱら修道院で作られていた外来の酒なのである。語源もはっきりしないのだが、ラテン語のbibere「飲む」と何らかの関係があるだろう（中世ラテン語biber「飲物」）。Bierはホップを用いる新しいタイプで、ホップ不使用の古いタイプが英aleエールだとも言う。aleは英語と北欧語で広く通用する単語だが、不思議なことにドイツ語圏には独立語としては残っておらず、ただひとつ、9世紀前半の古低地独語による頭韻の宗教叙事詩『ヘーリアント（救世主）』（*Heliand*）の中に、合成語として登場する：alofat「ビールの容器」がそれで、有名なカナの婚礼（「ヨハネ」2章）の場面である。召使いたちが澄んだワインをorc「かめ」とalofat「ビール用の容器」に入れて客に運んだ（24章、2009行）。はっきりuuînと書いてあるので、この場のalo-はビールに限定されず、一般的に「酒」ということであろう。頭韻詩なので orc と alo- が母音頭韻となっており、その必要上 alo- が採用されたと思われる（-fat は現代独 Gefäß）。

中世の修道院は主として栄養的な理由で（酒を一種の滋養物として自分たちや巡礼者、また困窮者たちに与えるため）院内でワインやビールを醸造した。そこからもワインやビールがゲルマン人に広まったのは当然であるが、実はそれよりずっと早く、ゲルマニアがローマの属州となって、衣食住や商取引き、軍隊などの分野で多くのローマの文物が流入したその最初期に、もうワインは知られるようになっていた。ゲルマニア経営のため膨大なローマ軍団が送り込まれ、その物資調達を中心として経済的・文化的交流が活発化していたのである。この時代にゲルマン語に入った最古の言葉のひとつは Kaiser「皇帝」である。ローマの政治家 Gaius Julius Caesar の名前の一部 Caesar は、後にローマ皇帝の称号となったが、ゲルマン人もたちまちこれを普通名詞として導入したのだった。

ローマ文明とゲルマン人の関係は、中国文明と日本人の関係にほぼ対応すると言っていいだろう。建築や造園、果樹や野菜の栽培、商業、運輸、軍事、飲食物――などほとんどあらゆる分野において卓越していたローマの文物が、迅速にゲルマン人の中に浸透していったことは容易に想像できる。

好みの違いがあるから、そう簡単に新しい飲食物がゲルマン人の間に普及したわけではないだろうが、しかし比較にならないほどの高い文化にあった（と多くのゲルマン人には思われただろう）ローマ人の食生活は急速に模倣された。生牛乳と凝乳しか知らなかったとすれば、子牛などの胃の酵素を用いて長持ちするように作られたチーズ（ラテン語 caseus）は夢の食品だったようである。ドイツ語 Käse、英 cheese はこの caseus のゲルマン語形である。ローマ軍兵士にワインはなくてはならない飲料であったから、ライン川、モーゼル川、ザール川などの沿岸の比較的温暖なところでは葡萄栽培が熱心におこなわれ、たちまちゲルマン古来の蜂蜜酒や果実酒を駆逐することになった。数世紀が過ぎてキリスト教が全土に広まり、「主の身体と血」のシンボルであるパンとワインが教会における重要な秘跡のひとつになったとき、ゲルマン人たちはパンにもワインにも、もはやいかなる違和感ももたなかったのである。

考えてみれば、最も基本的なドイツ単語である動詞 kochen も名詞 Küche もラテン語借用語であることに驚かされる。kochen は coquere、Küche は coquina が原形であり、おそらくはその俗語形 cocere と cocina から取り入れられたのだろう。ゲルマン人だって料理は台所でしていたろうに——と異議申し立てをしたくなるが、いや、おそらく大半のゲルマン人は夏は野外で、冬は居間も寝室もすべてを兼ねていた広間で（ゲルマン住宅は広間一室で成立しているのが普通だった）、焚火か、あるいはストーブを兼ねた炉で雑穀の粥を作るか、ちょっとした焼きものを作るくらいがせいぜいだったのではなかろうか。

台所という独自な場所で、豊富な食材をさまざまの道具を用いて調理し、多くの食器に盛って、さまざまの調味料で味加減をしつつ食事を（気のきいた会話とワインとともに）楽しむ——これはゲルマン人にとっては驚くべき新規な文化現象であったにちがいない。彼らがもっている従来の語彙ではそれらは到底表すことができなかったのだ。

特別なことではない。日本語にも充満している膨大な漢語系の言葉、特に明治以降はそれらを使わなかったら日常生活が営んでいけない欧米系の片仮名言葉——人間の言葉というのは本当にあきれるほど柔軟で無限の包容力を秘めたもののようである。

36　魚と Fisch

イエス・キリストの聖体としてのパンとワインにふれたら、魚についてもふれないわけにはいくまい。

多くの「最後の晩餐」の図には、パンとワインとならんで魚も描かれる。初期キリスト教徒たちは迫害時代にはカタコンベという地下墓地で秘密集会をもったのだが、その壁に描かれた素朴な宗教画では、皿の上に魚が見える。その魚が受難のキリストの象徴なのである。魚はギリシャ語で ichthys というが、これを Jesous Christos Theou Hyios Soter「イエス・キリスト、神の息子にして救世主」の頭文字をつなぎ合わせた暗号文字（Akrostichon）と解釈して、イエス自身の姿のかわりに崇拝したのである。すでに教父アウグスティヌスも魚を「受難のキリスト」であると解釈していた。キリスト教が公認されると「最後の晩餐」図が多く描かれ、そこに魚も見られるのであるが、実は四福音書の晩餐場面にはパンとワインしか言及されていない。しかし「ヨハネ」（21 章 9 節以下）には、復活したキリストが弟子たちと魚を炭火で焼いて会食する印象深い場面がある。おそらくここから「最後の晩餐」に魚が取り入れられるようになったのであろう。また、キリストが 5000 人もの人々に 5 個のパンと 2 匹の魚を分け与え、みなが満腹したエピソードは非常に有名であるから、この話からもキリストの食卓に魚がついてまわるようになったのだろう。

旧約聖書「ヨナ書」において預言者ヨナは大魚に呑まれ、三日三晩を魚の腹中に過ごした後、陸に吐き出される。これは後にキリストの死と復活の予型（Typus）と見なされる……。

また魚は古代においては単性動物と考えられていたので、処女マリアから生まれたとされるイエス・キリストの象徴としては好都合であったろう。ひょっとすると、カトリック教徒に肉食を禁じる断食日（金曜）にも魚は除外されるのは、魚が単性動物と考えられたことに由来するのかもしれない。

このようにキリスト教における魚の意味は大きく、洗礼を授ける際に用いられる洗礼盤（また手洗い盤も）はラテン語で piscina「魚の池、養魚池」と呼ばれる。

さてこの「魚」、ドイツ語 Fisch、英語 fish、オランダ語 vis、スウェーデン語 fisk などみな同語であり、記録が残る最古のゲルマン語たるゴート語も fisks であるから、全ゲルマン共通語と言っていい。しかしゲルマン語以外の印欧語ではラテン語 piscis と中世アイルランド語 íasc にしか類似語はない。語源ははっきりしないが、「食物、滋養物」が原義かと推定されている。

一般的にドイツ人は、あるいはゲルマン人と言ってもいいかもしれないが、それほど魚好きではなく、魚料理の数も少ない。本書の前の方で、あるパーティの席で、極上の鹿肉料理を魚料理と見誤って食べそこねたワイン作りの農家の人たちの話を書いた。ドイツは海が少ないから、海の料理の貧弱さはいたしかたないのかもしれない。しかしドイツ以外でも――私はあるとき、絶海の孤島アイスランドの漁師たちが大量にタラを捕りながら、自分たちは羊肉が好きで「魚なんか外国向けだ。俺たちは食べない」と言うのを聞いたことがある。カトリック教徒の金曜日の魚という少し抹香くさいイメージもあって、ドイツ語の Fisch という語のもつニュアンスは日本とは大違いのようである。だから Fisch を含んだ慣用句の類もあまり多くはなく、しかもあまり良いイメージではない：kalt wie ein Fisch「冷酷な、無感動の」、Fischblut haben「（魚のような）冷血漢である」、stumm wie ein Fisch「魚のように黙りこくった」。

これらにくらべれば：Das ist weder Fisch noch Fleisch「海のものとも山のものともつかぬ」、Er fühlt sich wie ein Fisch im Wasser「彼

は水に帰った魚のように潑剌としている」などは、特にネガティヴでもポジティヴでもない。

ひとつだけ私にとってなかなか興味深い成句があって：〔Der〕Fisch will schwimmen「魚が泳ぎたがっているよ→魚料理には酒がなくてはいけない」ということなのだそうだが、ふと、それほど魚料理を愛好するわけでもないドイツ人が、こんな表現を本当にするのだろうか、と気になった。少し調べてみたら——やはりこれは、Pisces natare oportet というラテン語の独訳で、出処はペトロニウス Petronius またはアルビター Arbiter（皇帝ネロに仕えた諷刺詩人）だそうだ。なるほど、それなら合点がいく。ゲルマン人とちがって魚介類をこよなく愛したローマ人の口からなら、こんな表現はぴったりであるだろう。飲物もビールや蜜酒ではよろしくなく、よく冷えた白ワインでなくては！　もっともこの魚をビフテキなどに代えて *Der Ochs will saufen「この牛はガブ呑みしたいらしい」などと言ってみたらどうだろう……？

ついでに日本語の魚についても、ちょっと見ておこう。「魚類」を表す日本語独自の言葉は「マナ」、さらに「マ」と「ナ」だったらしい。ともに原則として食用魚のことだったらしく、「まないた（俎）」は食用魚を調理する板のことである。もうひとつ「ウオ」「イオ」があって、これは魚一般を指した。だから調理板のことを「ウオイタ」とは言わないのだ。また「サカナ（肴）」は実は「酒（用の食用）魚」のことである。だから今でもよく「酒のサカナ（肴）」と言うが、厳密には同義反復 Tautologie である。しかし「サカナ」の原義が忘れ去られているにもかかわらず、酒用の副食物を「サカナ」と呼ぶのは、どこかに「ナ」の原義の記憶が残っているということになるのだろう。

もうひとつ蛇足を。「魚の骨」を Fischknochen と言ってはいけない——あるいはそう言うことは滅多にない。Knochen は原則として人間や四足動物、鳥類などの骨のことで、魚の骨は die Gräte なのである。これはもとは der Grat「稜線、尾根」の複数形だったのだが、近世になって「魚の骨」の意味の単数形になった。少々ややこしいが、しっかりと記憶して、まちがっても「私の背骨」を meine Rückgräte などと口走らぬように注意しよう。「あんたは魚かい？」とからかわれること必定なのだから。Rückgrat でなければならない。

J. Amman 画「漁師」

37 羽衣伝説

『ニーベルンゲンの歌』（*Nibelungenlied*, 1200年ごろ成立）を読んでいると、私たちにはオヤと思われるところがある。夫ジークフリートをハーゲンに殺害されたクリームヒルトはフン族の大王アッティラと再婚し、ハーゲンを重臣とする自分の兄弟たちのブルグント族を招待して復讐戦を企てる。討死覚悟で招待に応じたハーゲンではあるが、不安でもある。増水したドナウ川で渡し舟を探し歩くうち、妖精の乙女たちが水浴びをしているのを見る。妖精たちは逃げるが、ハーゲンは彼女らの衣を奪う：er nam in ir gewæte（1534節）。するとひとりの乙女が言う：swenne ir uns , degen küene, gebet wider unser wât,「勇敢な武者殿、もし私たちの衣を返してくださるなら」フンの国への旅の行く末をお話し申しましょうと（1535行）。そこでハーゲンは喜んでためらうことなく衣を返しあたえた：dô gap er in ir kleider und sûmte sich niht mêr（1538節）。彼女たちはその不思議な衣を身にまとうと：dô si dô an geleiten ir wunderlîchen gewant（1538節）、旅の行く末について楽観的なことを告げるのだが、最後にシゲリントという名の乙女が真実を明かす：durch der wæte liebe hât mîn muome dir gelogen「ただ衣がほしいものだから、叔母さんはあなたに嘘をついたのです」（1539節）。そしてフン族の国でブルグント族はひとりのこらず討死すると真実を告げる――。

妖精の乙女の衣を奪って退路を断ち、何かを強要するというのは、私たちがよく知っている三保の松原伝説とよく似ているではないか。三保の松原では天人乙女がひとりだけ、そして漁師白竜は天女の舞だけで満足して羽衣を返すのだが、実はこれは中世後期あたりに上品に美化されたバージョンで、本当は無理矢理自分の妻にしてしまうというのが古型である。これは丹後の国風土記逸文や、近江の余呉湖に伝わる天女伝説から明らかである。泣く泣く妻となった天女は機織りや酒造りや、稲作（またおそらく冶金術）などを教えた後、隠されていた羽衣を見つけて昇天する。そして残された子供がその地の豪族になったりするわけだが（余呉湖伝説では菅原道真が天女の子である！）、それはともあれ、羽衣乙女は複数であるのが日本でも基本であり、上に見た『ニーベルンゲン』の挿話もそうなっている。

日本の民俗学では「羽衣説話」と言うのが一般的だが（または「天人女房説話」）、ドイツなどではその天女が白鳥の形をとっていることが多いので Schwanenjungfrausage「白鳥乙女説話」（英 swan－maiden－story）と言う。先ほどの『ニーベルンゲン』でも、初めは単に「妖精乙女」wîsiu wîp だが、次には「水の乙女、人魚」merwîp と語られる。しかし同時に「彼女らは鳥のように水に漂っていた」sie swebten sam die vogele vor im ûf der flout（1536 節）とあり、白鳥ではないにしても水鳥である印象が強い。

羽衣説話は北半球の各地に広く分布しているが、最も東が日本で、西がゲルマン族であるようだ。白鳥が多く生息するユーラシア北部がこの説話の発生源だろうと普通は考えられているが、異論もある。

天女が羽衣を奪われて人間と結婚し、やがて羽衣を取りかえして再び天に戻るという話は、人間が自分の命の有限性を自覚したとき生じる悲哀を、天からの使者のような優美な白鳥に託して美しく昇華させたものであろう（事実、羽衣説話の変種と思われる「かぐや姫」説話では、姫は天子に不老不死の秘薬を贈るのである）。ただし、上述したようにこの天女がさまざまの文明技術（機織り、造酒、稲作、製鉄等）をもたらし、その子孫が豪族や知名の人となったという「文化英雄」Kulturheros、あるいは始祖伝承の要素も日本においては濃厚であるが、ゲルマン族の伝承にはこの要素はあまり強くない。少し話が前後してしまったが、ドイツないしゲルマンの羽衣伝説・白鳥乙女説話は先ほどの『ニーベルンゲン』が唯一最古のものでは決してない。古北欧の歌謡集『エッダ』（*Edda*）に「ヴェルンドの歌」という、ゲルマン族の間で最も有名な名人鍛冶ヴェルンド（ドイツ名 Wieland）にまつわる頭韻詩がある。『エッダ』は古ノルド語で書かれているためスカンディナヴィアの話と誤解されやすいが、実はドイツを中心とする大陸ゲルマンの話が、とりわけ英雄伝承に関しては数多い。この「ヴェルンドの歌」も実際はライン地方の古伝説であったのだが、『エッダ』の中では当然スカンディナヴィアの風土の中に置きかえられている。内容はかなり残酷な復讐譚である。あらすじを述べれば、名人鍛冶ヴェルンドが敵王に捕われ、足の腱を断たれて強制労働に服すが、奸計をもって敵王の王子を殺し、王女を犯した後、ひそかに鳥の羽で作っておいた人工の翼をつけて悠々と空から脱出する、というものである。すぐわかるように、ギリシャ神話の鍛冶神ヘーパイストスやダイダロス伝承の影響は否定しようもない。

それはともあれ、この「ヴェルンドの歌」には15行ほどの散文序文がついていて、それが羽衣伝説・白鳥説話なのである。三人の王子が三人の白鳥乙女を（羽衣を奪って）妻としたが、彼女たちは七年後に（羽衣を発見して）飛び去る。兄二人は妻を探して旅立つが、末弟ヴェルンドのみは居残って、いつか戻ってくるであろう妻のために七百個の金の腕輪（指輪？）を作って待つが、待ちくたびれて睡っている間に敵王に捕われる、というものである。

この頭韻詩はおそらく9世紀ころにノルウェーで成立したと考えられるので、これがゲルマン語最古の羽衣伝説・白鳥処女説話であろう。

一万キロも離れたユーラシア大陸の東と西の端で、ほぼ同じ時期に白鳥と人間の交情を美しく描く物語が伝えられていたというのは、実に不思議ではあるが、また同時に地球の狭さをも感じさせられるのである。

いくつかの言葉について少し検討してみよう。まず「白鳥」独 Schwan（英 swan）であるが、印欧祖語 *su̯en-「鳴る、響く」に由来し、ラテン語 sonāre「鳴る、響く」、sonus「音響」などと同系で、「音高く鳴く鳥」というのが原義だったと考えられる。白鳥の鳴き声は印象的で、一度聞いたら忘れられないものである。南欧系の仏 cygne、羅 cycnus、希 kuknos については多くの論があるが（たとえば羅 canere「響く；歌う」と同根説）、やはり白鳥の鳴き声の擬音だという説がほぼ定説となっている。

上述した『ニーベルンゲンの歌』に「水の乙女、人魚」merwîp が出ていた（1535 節）。この mer は現代語の Meer「海」であるが、元来は「湖、沼沢」など量の多い水の集積地をすべて表わしたもので（印欧祖語 *mori）、この場合も必ずしも「海の乙女」と狭く考えてはならない。海も湖も含めた「水の乙女」なのである。ラテン語 mare、フランス語 mer があるから、ドイツ語 Meer はラテン・フランス語系の借入語と判断しがちだが——そう考えているドイツ人も多い——そうではなく、西部印欧語の共通語彙なのである。

この「水の乙女」のことを wîsiu wîp とも言っているが（1533 節）、形容詞 wîs（現代独 weise、英 wise）は単なる「賢い」とは少しニュアンスが違うことにもふれておこう。動詞 wissen「知っている」とも同根のこの語は印欧祖語 *wid-「見る」に由来する。「見た」ことが「多識」に通じるのは自然で、ここに「賢い」という意味が生じた。古代世界において「多識」であることはカミの領域に属したから、ein Weiser は常人ではなく、神々か妖精、デーモンの類であることが多かった。そこで「水の乙女、ニンフ」のことを wîsiu wîp と言ったのである。今のドイツ語ではほとんど死語となったが、助産婦や女占い師のことを weise Frau と言ったのは、この名残りなのである。

wîp（現代独 Weib、英 wife）についても一言。これは古いゲルマン語であるが、しかしゴート語にはなく、語源も不詳である。「忙しく立ち働く人」という解釈や、既婚女性として髪に「頭巾を巻いた人」という解釈などがある。どの言語においても中性名詞であるのが特色で（古英語 wīf も中性だった）、だから上述のような状況、状態を中心とした語源解釈にも一理ある。早くから既婚女性の意味が濃かったが（したがって英 wife）、ドイツ語ではこれとは別の、本来「貴婦人・女性の君主」を意味した Frau（古高独語 frowe、中高独語 vrouwe、原義は「先頭に立つ人」）が近世になると一般女性および既婚女性を表すようになったため、一般称としての Weib は現在ではほとんど蔑称となっている。もちろん『ニーベルンゲンの歌』の段階ではまだ「女性、乙女」を意味しているのであるが。

P. Schondorff 画「ヴェルンド」

38　ルフトハンザ

ルフトハンザ Lufthansa という航空会社の名前はよく知られている。Luft「空気、気息、大空、空中」は日常語であるのに、語源ははっきりしていない。英語の loft「屋根裏部屋」や動詞 lift「持ち上げる」との関係が想像されるが、それ以上は不明である。

さて次の Hansa はどうだろう。そう、「ハンザ同盟」Hanse のことである。14 ～ 17 世紀にかけて北独の都市と商人が結んだ海外貿易の特権同盟のことで、当然ながら海運中心だったのだが、それを航空会社の名に応用したのが Lufthansa なのだが、実はこの Hanse（Hansa は恰好よくラテン語風の語尾にしたもの）の語源もあまりはっきりしない。ゴート語、古高独語、古英語のすべてで「群、軍勢」を指したが、中高独語になるともっぱら「商人同盟」となり、中世ラテン語にも採用された。語源について諸説ある中では、「手」Hand と同系だとするものが一理あるようにも思われるが……。

ハンザ同盟はなにより商業同盟ではあったが、北海・バルト海諸国へ北ドイツや低地地方（オランダ・ベルギー）の文化が大量に伝播することにもなった。現在の北欧語にはこの時期以来たくさんの（低地）ドイツ語が借入され、また（北）ドイツ系統の伝説類も北欧伝説に取り入れられることになった。

13 世紀半ばのノルウェー、おそらくはたくさんのドイツ商人たちが定住していたベルゲンあたりで、ひとつのサガ（散文物語）が成立した。北ドイツで伝えられていたゲルマン英雄物語の集成とも言うべきもので、ドイツ語からの翻訳編集物、あるいは翻案と見られている。題を『シーズレクのサガ』（*Thidricks Saga*）と言い、民族移動期のなかば伝説的な東ゴート族の英雄 Theodericus（Dietrich

von Bern）および彼をとりまく勇士たちの事蹟である。

成立については、ベルゲンで冬期滞在中のハンザ商人たちが退屈しのぎにノルウェー人に語ったものだとか、あるいは北独に滞在したノルウェー商人が滞在中、あるいは帰国後にドイツで聞いた話を古ノルウェー語でまとめたものだとか、諸説ある。

ここに登場する英雄たちの多くは中高独語の叙事詩にも描かれているが、その伝承はかなり異なっており、文字化されぬまま低地独語圏に広まっていた英雄伝説のバージョンを、ある程度知ることができる貴重な資料となっている。

このサガの84章から136章までは、ゲルマン諸族によく知られていた名人鍛冶ヴィーラント（Wieland、このサガではVelent）の半生記である。『エッダ』の「ヴェールンドの歌」については37章でふれたが、この歌謡と同じく、敵王に対する復讐譚が中心なのだが、中世も末期のロマンスにふさわしく、本筋とはあまり関係のない「尾ひれ」がたくさんつけられていて、読者、と言うよりむしろ聴衆、の興味を引きつけようと工夫されている様子がうかがわれる。古ノルウェー語で書かれてはいるが、舞台は発生の地のドイツのヴェストファーレン地方からデンマーク領のユトランド半島にかけてである。まさにハンザ商人の活躍の場（の一角）である。

ヴェストファーレン地方（今でも冶金産業がさかんなジーゲンSiegenという地名をあげている英国の伝承もある）の小人のもとで鍛冶を学んだヴェーレントは、自分でこしらえた丸木舟潜水艇（ガラスがはめてある！）でヴェーザー川を下り、ユトランドに漂着してその土地の王に仕える。彼の鍛冶のわざが知られ、王おかかえの鍛冶アミリアスとわざくらべをすることになる。彼はまず一振りの剣を鍛えあげ、それはたいそう鋭利で、川の中に立てられたまま、川上から流される厚さ1フィートの羊毛のかたまりをまっぷたつにする。王は夢中になってその剣を所望するが、ヴェーレントは断り、その剣をやすりで鉄の粉にしてしまい、小麦粉とまぜて鶏に食べさせる。そしてその鶏の糞を集めて火床で熱し、すべての不純物を沸かし出してからあらためて第二の剣を鍛える。これは第一番目の剣より小さいが切れ味はものすごく、刃を川上に向けて川の中に立てられた剣は、こんどは２フィートの厚さの羊毛を音も立てずに分断する。欲しがる王をなだめ、前回とまったく同じ方法で第三の剣を作る。この剣は今度は厚さ３フィートもの羊毛を音もなく両断する。この名剣はミムング Mimung と名づけられる。なぜこの名なのか一切不明であるが、Mimung は中世ヨーロッパにおいて名人鍛冶ヴィーラントの剣としてあまねく知られていた。さてわざくらべの当日、ライバルのアミリアスは自信作の甲冑を着て現れる。すべて二重鍛えで、どんな名剣名槍をもって渾身の力をふるって斬りつけようと、毛筋ほどの傷もつけられるはずがないと豪語する。ヴェーレントは彼の剣を静かにアミリアスの兜の上にのせ、少し強く押して引くと、兜も頭も鎖かたびらも胴も帯のところでまっぷたつになってしまう。——ここで面白いのは、1700 年ごろアイスランドで作られた紙写本ではこの箇所はこうなっていることである：（剣をアミリアスの兜の上にのせた）ヴェーレントは、剣を押しつけた後、アミリアスに何かを感じるかどうか尋ねる。すると彼は答える。水がスーッと自分の身体を流れたような気がすると。するとヴェーレントはちょっと身体をゆさぶってみるようにアミリアスに言う。彼がそれをすると剣は腰ベルトのところまですべり落ち、アミリアスは身ふたつになって椅子からパターンと落ちる。

まるで日本の落語か講談の一節を聞くようで実に面白い。一般に刀剣の鋭利さは、岩石や鋼鉄のような堅いものを楽々と切断することによって証明するのが洋の東西を問わず普通なのだが、興味深いことに時代が下ると、このように手のこんだ、あるいは繊細な技巧が用いられること、これも東西を問わぬように思われる。日本においても名人鍛冶正宗が、川上からわらしべを流して弟子村正の妖刀と自分の刀を試させた——つまり岩でも鋼でも切断する村正の刀はわらしべをもたちまち切断するが、正宗の刀にはわらしべはゆっくりまといつき、軽い気合いひとつでスッパリ切れて流れ去って、村正の殺人刀に対する活人刀の価値を示した——こんなエピソードが伝わっている。刀剣がもはや実用品である必要がなくなった天下泰平の江戸時代に、講釈師の張り扇から生み出されたお話である。江戸も中期になると、武器は武器でありつづけるが、そこに何らかの倫理的意味づけが必要になったというわけであろう。これにくらべると、ヴェーレントの名剣の方には、倫理的な飾りはない。岩でも鋼でも力まかせにぶったぎるよりも、むしろ一種のすご味を感じさせる鋭利さを表現する技巧である。中世も後期らしいテクニックまたは発想であるが、ただしこれは今見てきたヴェーレントの話が初めてではなく、『エッダ』の「レギンの歌」や、それを散文化した『ヴォルスンガのサガ』にも登場している。案外ゲルマン人たちは早くから、このような繊細さの方が効果が大きいことに気づいていたのかもしれない。

さてここでこのエピソードの中心に位置する剣について一言。独 Schwert、英 sword ——上で見てきた古ノルウェー語の Thiđricks Saga では sverđ だが——の語源は——実は不詳である。ゲルマン族の男どもの命の次に大切なものだったろうのに、手もとにあるいかなる語源辞書を引くり返しても、どれも語源不詳とは情けない……しかし致しかたもない。で別の面からもう一言。かつてスウェーデンやベルリンの考古博物館の倉庫に入って、バイキング時代の刀剣などを手にとって見せていただくチャンスがあったのだが、驚いたのは、刀身の長さと重さの割に柄の長さが短いことだった。つまり柄は日本の刀剣と違って片手握りが普通なのである。片手でこんな重くて長い剣を楽々とふりまわせたなんて、やはりゲルマン男性の膂力には恐れ入らざるをえなかった。

39　虹

琵琶湖のほとりのカフェで本を読んでいるうちに少しウトウトとした。外は驟雨——ふとだれかの声が耳に入った「アラ、２時！」「ホンマ！」。まさか２時のはずはない、もう５時近いだろう、と時計を見ようとして気づいた：２時じゃない、「虹」だ！　京都あたりの発音では２時と虹の区別はないのである。見ると湖上に見事な虹がかかっていて、雄大かつ神秘的である。自然への感受性がだいぶ鈍っている私たちにすらこんな感動を与えるのだから、古代の人たちはどんな気持ちで虹を見たのだろう？

虹という漢字、偏は「虫」だが日本語の「むし」とは異なり、もともと蛇の象形文字、旁は小さい橋の意の「工」、つまり小橋のような、すなわちアーチ状の竜を意味するそうだ。さすが古代中国の想像力はすごい。これに対し日本語の「にじ」の語源説はさまざまだ。「滲む」「丹染む」などとの関連がすぐ思いつくが、意外なことに蛇の精の古語ヌシ、ヌジの転とする説が有力のようだ。私などには竜とか蛇とかはなかなか思いつかないのだが、古代人にはこの方が自然だったということか——現代人よりも蛇やトカゲなどとの接触がずっと多かった古代日本人も、中国人と同じく虹に神秘的な竜を見たのかもしれない。現代日本人で虹に蛇や竜を思いうかべる人はいるだろうか？　——さてそこでドイツ語やゲルマン語の「虹」を考えてみた。

現代独語 Regenbogen、英語 rainbow は共に「雨の弓」のこと、つまり雨が作り上げる弓状のものということだろう。ゲルマン諸語のどれも最古の段階からこの「雨の弓」を用いている（古高独 reganbogo、古英語 rēnboga、古ノルド語 regnbogi）。古ゲルマンの独自性をたっぷり保存していそうな古ノルド語もregnbogiであるから、武張ったことの好きなゲルマン人には「弓（の形）」というのが気に入ったのかもしれない。東アジアのような「竜」や「蛇」のイメージは沸かなかったということか。

ただし、実はこのゲルマン語形はラテン語の借用だという説もある。ラテン語ではarcus「弓」がそのまま「虹」の意味となり、特にはっきり言いたければpluvius「雨の」という形容詞を付け加える。現代のフランス語ではarc-en-ciel「天の弓」、イタリア語ではarco baleno「雷の弓」である。

旧約聖書「創世記」9章13節、神が義人ノアとその息子たちを祝福し、今後は人間を滅ぼしたりはしないという契約としてこう言う：「わたしは雲の中にわたしの虹を置く」。この箇所は、ルター聖書が現れるまで唯一の公認聖書であったラテン語のウルガータ聖書Vulgataでは：Arcum meum ponam in nubibusであり、虹はただarcus meus「私の弓」となっていて、「雨の」とか「空の」とかの修飾語はついていない。そしてルターも忠実にMeinen Bogen hab ich gesetzt inn die wolckenとしている。

そもそも虹はヨーロッパの古代においては天と地、すなわち神々と人間を結ぶ通路、かけ橋と見なされていた。創世記のこの場面でも、創造主と被造物との間の契約のしるしとして神は雲間に虹を出現させる。13世紀はじめ、アイスランドの詩人・学者・政治家であるスノリ（Snorri Sturluson, 1178～1241）は、アイスランドの古伝承を若い世代に伝えるべく『新エッダ』（『散文エッダ』『スノリのエッダ』とも）を書いた。『古エッダ』には断片的にしか取りあげられていない古伝説が体系的にまとめられ、古ゲルマンの神話世界が概観されているのだが、ここにも天上の神々の世界と、下方の巨人やデーモンの世界とを結ぶビフレストbifröstという名の橋が虹であるとされる。この三色の橋は「神々のたそがれ」の日には、天上へと攻めのぼる巨人や魔物の軍勢の重みで崩壊する（「ギュルヴィたぶらかし」13章、51章）。虹のアーチ形を何よりも橋と見る建築的な視点と言えよう。

旧約聖書には他にも、主の栄光のシンボルとして虹が現れる：「周囲に光を放つさまは、雨の日に現れる虹のように見えた。これが主の栄光の姿のありさまであった」（エゼキエル、1章28節）

ウルガータ：Velut aspectum *arcus* cum fuerit in nube in die pluviae：hic erat aspectus splendoris per gyrum.
そしてルターは ...gleich wie der *regenbogen* sihet jnn den wolcken ／ wenn es geregent hat ／ also glentzet es vmb vud vmb ／ Dis war das ansehen der herrligkeit des HERRN... と訳して、上述の創世記とは違い、regn- をつけている。

新約の「ヨハネの黙示録」10章1節にも虹が出るが、しかしここでは普通名詞ではなく、虹の女神 Iris の名で登場する：「わたしはまた、もう一人の力強い天使が雲を身にまとい、天から降ってくるのを見た。頭には虹をいただき、顔は太陽のようで……」

ウルガータ：Et vidi alium Angelum fortem descendentem de caelo amictum nubem, et *iris* in capite ejus, et facies ejus erat ut sol...
ルターはここにおいてもやはり明瞭に Regenbogen と訳している：Vnd ich sahe einen andern starcken Engel vom himel herabkommen ／ der war mit einer wolcken bekleidet ／ vnd ein *regenbogen* auff seinem heubt ／ vnd sein andlitz wie die Sonne...

虹を天への橋と思うのは、日本においてもかなりありふれていて、「虹の橋」という表現はよく耳にする。「虹がかかる」というのも、意識下に「橋がかかる」を踏まえているのだろう。

虹の橋夕日の渡る片時雨　（古川柳）

キリスト教で虹に神の栄光というシンボル性が強いことは、上に見たとおりである。私たち日本人はそれほど宗教的な思いをこめて虹を見ることは少いだろう。もちろん大自然の不可思議に打たれ、自然の神秘を痛感させられて、あれこれの思いに耽ることは多くの人に共通ではあるけれど。そうは言っても、ドイツでも万人がいつでも虹に主の栄光を見るわけではないことは、中高独の ûf den regenbogen bûwen（= auf den Regenbogen bauen）「虹の上に建設する」という表現からもわかる。日本語の「空中楼閣」ほどの意味で、はかない夢想のことを言うようだ。たとえば mîn fröude ist ûf den regenbogen niht gebouwet「私の喜びは空中楼閣というわけではない」のように。この表現は今は用いず、普通は Luftschlösser bauen と言うそうだが、しかし Regenbogen の方もおおいに理解可能だとあるドイツ人の言。また der Regenbogen der Phantasie「（七色に輝く、そしてすぐ跡かたもなく消えてしまう）空想の虹」というのは、ジャン・パウル（Jean Paul）の言葉だそうだが、実にうまいとしか言いようがない。私も何か Regenbogen を使って気のきいた文句を……と３分ほど考えてみたが、とんでもない、私の脳に「虹がかかって」きたようだ（ドイツ語では benebelt sein「霧がかかる」）。ため息とともに筆を擱くことにしよう。

40　Herr Truppe

ある冗談好きのドイツ人がこう言った。: Heute habe ich Herrn „Zucker und Salz“ getroffen「今日私は『砂糖と塩』氏に会いました」。なに？「砂糖と塩」さんだって？ Herr Zuckerが「佐藤さん」のシャレだろうことはすぐ見当がつくが、しかし「塩さん」だなんて……?! お手上げだと言ったら、得意満面ですぐ教えてくれた:「佐藤敏夫」さん、ですと。「敏夫」は「としお」で、「と塩」und Salzとなるわけだ。ウーム、参った参った……。

またあるとき、ひとりのオーストリア人男性と知り合った。少し日本語が話せ、「私の名前は軍隊です」とおっしゃる。ちょっと頭をひねってから「Herr Heer？」と聞いたがはずれ。まさかMilitär？ ——いいえ。結局Herr Truppeだと教えてくれた。何とも風変わりな苗字だと思ったが、別段それ以上不思議に思うこともなく、親交を結ぶこととなった。

ところがある日、ドイツ人たちと名前の話をしていてこの「軍隊氏」の名を紹介すると、ひとりの方が決然と断定する:「それは絶対にドイツ系の名前じゃありません。きっとフランス系ですよ」

確かに語源辞典によると、Truppeは17世紀初めに仏語troupe「群、集団；軍隊」を借用したものらしい。男性名詞のTruppもほぼ同時期に借用されたが、こちらはフランス語ではなく、オランダ語troep「一団、群；部隊」からなので、オランダ語と同じく男性名詞なのである。だから独Truppは意味もオランダ語に等しく、「軍隊」は副次的で、「群」の方が主である：ein Trupp Kinder「子供の一団」。これに反し独Truppeは初めからまず軍隊用語としてのフランス語troupeを取り入れたので、性も女性、意味もまず第一に「軍隊」なのである。しかしもちろん「群、集団」という意味も失ったわけではない。

フランス語には男性名詞 troupeau もあって、こちらは「群、多勢」のみを表わし、「軍隊」の意味はない。

フランス語の語彙の由来はラテン語に求めるのが普通だが、ここでは事情が少し異なる。古典ラテン語には troupe や troupeau の系統の語は見つからない。中世ラテン語になって troppus が「群：軍隊」の意味で登場するのだが、実はこれはゲルマン語由来なのだという説が有力である。つまり現代独語 Dorf「村」、英語〔詩〕thorp「村」のもとになったゲルマン祖語 *þurpa-「(家の) 集合体、集落」があり、それが「群、多勢」の方に意味が移って、ラテン語風の troppus になった。そしてフランス語で一般的な「群」の tropeau と、軍隊用語としての色合いが濃い troupe に分化し、ドイツ語では Trupp と Truppe に分けて導入されたというわけである。英語 troop もドイツ語と同時代に「多勢」と「軍隊」の双方の意味を含んでフランス語から借用された。

ゲルマン語がラテン語化された形で広く普及するのは、北部ガリアという地域が最も自然であろう。ゲルマン語方言のひとつフランク語を話していたメロヴィング朝とカロリング朝のフランク族が、言語の上では地元のガリア語および公式用語のラテン語に次第に吸収されていく、そのプロセスのひとつにこの Trupp ／ Truppe もあったのだろう。

蛇足ながら面白いのは、現代フランス語の副詞 trop「あまりに……すぎる」もやはり Trupp ／ Truppe と同語源だということである。「多量」という名詞が副詞に転じるについては、たとえば Il a trop bu「奴は酒を飲みすぎた」の原型が Il a trop (de vin) qui a été bu「飲まれた酒の多量を所有している」であったことを考えてみれば、簡単に理解できるだろう。

さてわが友人 Truppe 氏の苗字が、おそらく 17 世紀以降にフランス語から伝来したのであろうという見当はどうやらついた。ひょっとしたら傭兵としてどこかに出征し、赫赫たる戦果をあげて帰郷した立派なご先祖さまがおられて、「軍隊帰り」として有名になり、いつのまにかTruppeが苗字となったのかもしれない。

ただしTruppeが「軍勢」にかぎらず、一団の特定職業などのグループにも用いられたことは言うまでもない。18世紀も後半になると各地で演劇活動が盛んになり、巡歴する劇団はTruppeと呼ばれた。職人集団もTruppeである。この用法ももともとはフランス語でla troupe de Molière「モリエール座」のように言うことから来ている。フランス語ではこの意味にはbande（独Bande）も多用され、ドイツ語Bandeもしばらくは Truppeと肩を並べていたのだが、次第にBandeは「一味、徒党」というネガティヴな響きをもつようになって、Truppeのみになったのである。

おや、今思い出したが、わが友「軍隊」氏は実は——今は引退しているが——ドイツ現代演劇の世界でなかなか立派な活動をしたSchauspieler「役者」なのである。しかし、まさか彼のご先祖のどなたかが、それを予見して「一座」という苗字を選んだなどということはあるまいが、「名は体を表す」とか、漢語の「名詮自性」、はたまたラテン語のnomen est omenとか、いろいろな言いかたがあるけれど、ミスター「一座」の職業が「座員」だなんて——いつかじっくり彼と苗字談義をしてみよう。

41　在家のカタツムリと出家のナメクジ

ドイツ人の言語学者で、熱心な禅宗信者の友人がいる。あるとき、猫のひたいのそのまた1/7ほどの私の家の庭を見ながら、ちびちびとふたりで浅酌を楽しんでいたことがあった。小雨が降っていて、竹垣の上をカタツムリが這って行く。„O Schnecke, wo gehst du hin?“と私がつぶやくと、„Zu der Familie...“と彼はつぶやき、それから突如日本語で「カタツムリは在家、ナメクジは出家」と言う。一瞬とまどったが、すぐ腹の底から笑いがこみあげてきて吹き出し、せっかくの銘酒を畳にこぼしてしまう破目になった。

カラを一生涯背負っているカタツムリを在家の仏教徒、カラを脱ぎ捨てて身ひとつでいるナメクジを、家族も財産も捨てた出家とみなしたわけである。カタツムリのカラはドイツ語でHaus、またはHausの派生語Gehäuseであるから、出家や在家の「家」にぴったり合うのである。愛妻と愛息に恵まれて幸せそのもののこの男も、時にはHausやGehäuseを脱ぎ去って、天上天下無一物の境地に遊ぶのを夢見ることがあるのかと、私は彼の、すでに20年ほど前から自然の推移によってほぼ出家状態になっている細長い頭をそれとなく見つめたのであった（もっともこの点では私も彼に劣らぬ出家姿であるが……）。

実に彼らしい見事な比喩であることよ、と感嘆おくあたわず、今でもカタツムリやナメクジを見かけると、おい君は何宗だい？　と問いかけずにはいられないのだが——それはさておき、少しばかりこの篤信なるお二方の名称の由来をたどってみよう。

まずは在家仏徒の「カタツムリ」Schneckeについて。ゲルマン祖語 *sneg-、snek-は「くねくねと這う」を意味したらしく、現代英語のsnake「蛇」も同系語である（北ドイツの方言でSchnake「ヤマカガシ」があり、英語snakeに対応している）。英語ではsnailが「カタツムリ」だが、これはSchneckeの北欧、北西ドイツ、英国などにおける別形 *snegila- から来たものである。ある種の「ナメクジ」のことを北西独語ではSchnegelと言うそうである。

実を言うと、ドイツ語では（英語その他のゲルマン語でも）「カタツムリ」と「ナメクジ」をあまり区別しない。両者ともよく似た軟体動物で、ただカラが付いているかいないかの差しかない。だからカラが付いていて目立つ「カタツムリ」は単にSchneckeと言い、カラをもっていない「ナメクジ」をNacktschnecke、つまり「裸のカタツムリ」と言うのである――と書いたが、実はドイツ人（英国人その他も）にとって「カタツムリ」と「ナメクジ」の差はほとんど意識にのぼらないのである。「ナメクジ」のことをわざわざNacktschneckeとか、Schnecke ohne Haus／Gehäuseとか言うことは、日常会話ではまずありえない。

よく考えてみると、ジメジメしたところにヌルヌルと生息する、そして塩をまくとお陀仏になるあの日本タイプの「ナメクジ」は、ドイツではお目にかかったことがない。百科事典によると、日本、朝鮮半島、中国などの特産なのだそうだ。だから私たちの意識では、このヌルヌルした小動物を、それによく似ていはいるが、もっと乾燥していてより「健康的」な感じのする「カタツムリ」とは区別ないし差別をつけなければならないのだ（カタツムリと遊ぶことはできるが、ナメクジと楽しく遊ぶなんて考えられないことだろう）。

ドイツの森を散歩していると、10センチから15センチもある大きな、しばしば毒々しい赤や黄色の巨大ナメクジに出会う。普通のSchneckeと区別してWegschneckeと言うこともある。粘液でおおわれてはいるが、どうも日本式ナメクジよりカラッと乾いた感じで、カタツムリに何歩か近いのである。だから塩をふりかけてやろうなどという気はまったくおきない。そんなわけで、ドイツ語や英語で

「カタツムリ」と「ナメクジ」をほとんど区別しないのも当然なのだ。

どうしても区別したければ上述のようにNacktschneckeと言うか、またはSchnecke ohne Haus／Gehäuseのようにカラ（殻）の意味のHausまたはGehäuseをつけることになる。Gehäuseのge-は「集合」や「共存」を表すゲルマン語の接頭辞（英語ではenoughなどのe-）で、ラテン語系のco-やcom-、con-との関係が推測されるが、ただし音韻法則上は立証されない（ラテン語のco-音はゲルマン語ではha-となるはずだから）。Berg「山」に対するGebirge「山脈」、Sprache「言語」に対するGespräch「会話」のように、中性の集合的名詞が作られるので、Gehäuseも中世末期に登場したときは「家々、建物」の意味だったのだろうが、すぐに「小屋、物置」そして「殻」「外被」「ケース」などに意味が固定されたのである。

カタツムリのカラをこのGehäuseならともかく、Hausと言うのは私にはちと大げさな気がして、ではナメクジは、宗教色濃く解釈して「出家」ともとれるが、もっと世俗的に「家なしの、ホームレスの」とも考えられはしまいか――というわけで、heimlose Schneckeではだめかとあるドイツ人に尋ねてみたが、だめだそうである……。ずいぶん奇妙なことを聞く奴だという顔をされてしまった。

さて、食通ならカタツムリと聞いてあのおいしい食用カタツムリ「エスカルゴ」を思うであろう。食用カタツムリはもう古代ギリシャで知られており（初めは女性神官だけのものだったそうな）、ローマ時代にはグルメ食品となっていた。その伝統を受けつぐラテン民族、特にフランスやスペインでの人気食品であるが、ゲルマン系、とりわけドイツ人にはなじみのあるものではないらしい。「ナニ、Schnecke?!　おお、嫌だ！」という反応がまだ強い。上述のようにドイツ語ではカタツムリとナメクジの区別が基本的にはないのだから、無理もない。

さすがグルメ民族のフランス人はこのあたりをよく心得ていて、カタツムリとナメクジは別語である。カタツムリ escargot はギリシャ語 kochlias、ラテン語 conchȳlium ／ coc(h)lea の南仏プロヴァンス語形である。ナメクジは limace で、ギリシャ語 leímāx、ラテン語 līmax、俗ラテン語 limacea に由来する。前半部の līm- はドイツ語の Schleim「粘液」などと同語源であるらしく、だから「ヌルヌルするもの」が原義なのだろう。エスカルゴとナメクジ limace を峻別するフランス語と、両者ともあいまいなドイツ語は、要するに食事文化の伝統の違いの結果なのであって、別にどちらがすぐれているとかいないとかの問題ではもちろんない。

蛇足ながら日本語名称についてもひと言。カタツムリについては柳田国男の名著『蝸牛考』があるが、日本じゅうに実に多種多様な呼び名がある。「カタツムリ」は「殻」と「つむり（頭）」あるいは「固」と「頭」、または「傘」と「螺（つび）」つまりツブ貝、さらに「殻内籠り」の転、などの諸説がある。「デンデン虫」は幼児語で「出ろ出ろ」の意味（つまり「角出せ槍出せ」）であり、マイマイ（ツブリ）」は中世における笠をもった舞いの姿に似るから、あるいはカタツムリの殻の渦巻き文様が舞っているように見えるから、などの説がある。

ナメクジは「滑らか」に「くじる」、つまりナメクジの通った後がえぐったように見えることから、というのが通説のようだが、後半は形が鯨に似ているからという説もある。

上記『蝸牛考』は、京都の古語「カタツムリ」が各地に広まりつつ、中心ではより新しい「マイマイ」や「デンデン虫」が次から次へと生まれ、まるで水面上の波紋が周辺へと広がるように広まっていく「方言周圏論」（ドイツ語では Wellentheorie「波動説」）を見事に説いたものである。ご興味のある方は是非一読を。

さてカタツムリ在家、ナメクジ出家という気のきいたしゃれは、実はわが友人の創作ではなく、日本人雲水からの受け売りだったことが最近の手紙でわかった。さもあろう。カタツムリとナメクジを峻別しない（できない）ドイツ人がそう簡単に思いつきそうなしゃれではないのだから。なぁんだ、感心して損をした……。

42　サヨナラだけが人生だ

晩唐の詩人、于武陵に「酒を勧む」というしみじみとした良い詩がある：

勧君金屈巵
満酌不須辞
花発多風雨
人生足別離

これを井伏鱒二はこう翻訳した：

コノサカヅキヲ受ケテクレ
ドウゾナミナミツガシテオクレ
ハナニアラシノタトヘモアルゾ
「サヨナラ」ダケガ人生ダ

漢詩に慣れていない人間には四角四面でかた苦しい文章を、いやはや上手に訳したものである。七五調の俗曲風な文章はしっとりと心にしみ入る。特にハナニアラシ……　以下の２行がすばらしい。「サヨナラ」ダケガ人生ダというのは、実際に老境に達した者しか本当には味わえない――などと中級ドイツ語の授業から大きく脱線して私はしゃべっていた。ふと気がつくと「また始まったな」という表情で、みなさんニヤニヤしている。こりゃまずい、と私はあわてて軌道修正を試みる。さてそれでは、この最終行をドイツ語ならどう言うだろう？　と尋ねてみると、不意を打たれたＡ君は目を白黒させながらも素直に　Nur „Auf Wiedersehen!“ ist das Leben. と答えた。フムフムと首をかしげていると、少し理屈っぽいＢさんが、Ａ君のようにイコール記号である ist を使うと「人生イコールさよなら」ということになって少しおかしいから、Das Leben besteht nur aus „Auf Wiedersehen“「人生はただ さよならから成り立っている」を提案してきた。ウーム、確かにこの方が論理的である。「サヨナラ　イコール　人生」という、むずかしく言えばいわゆる kategorisches Urteil「定言的判断」に属する井伏の文章は、ズバリと本質はついているかもしれないが、唐突であまり論理的ではない。だからそれを aus etwas bestehen「……から成り立つ」を用いて、論理的にわかりやすくしたわけである。お見事お見事と賛辞を呈してこの時間は終わったのであった——が、さて読者の皆様はいかがお考えでしょうか？

実は、「さよならだけが人生だ」における「さよなら」を Auf Wiedersehen!　で訳すのは、少々問題がある。だれでもわかるように Auf Wiedersehen! の本来の意味は「再会を期して」である。英語 See you again!　やフランス語 Au revoir!、イタリア語 Arrivederci!、中国語「再会！」などもみな同発想で、「再会を楽しみに、そのときまでお元気で」というような、積極的で愛想のよい、内容の濃密な別れの言葉である。これに反し日本語の「さよなら」は、その古形である「さらば」とともに、「さてそれでは、このあたりでそろそろお別れ申します」という意味の文章の冒頭の接続詞「さようならば」「されば」「さらば」が独立して感動詞となったものである。単なる「じゃあ、それじゃあ」に過ぎず、「再会を期して」のような強い意志や意図は含まれていない。だからこそ早い段階で「さらば」は形式的な別れの挨拶に移行してしまい（「さようなら」は近世後期）、現代の私たちは「さよなら」を口にするとき、その元の意味などまったく考えない。これに反し Auf Wiedersehen!　は、時として皮肉に Auf nimmer Wiedersehen!「もう君なんかとは二度と会いませんように！」というバリエーションにも明らかなように、「再会」が意味の中核にしっかりと保持されていて、そのまま「お別れ」と同義というわけにはいかない。

だから、「さよならだけが人生だ」の「さよなら」の独訳に Auf Wiedersehen ! を用いるのは——決してまちがいではないとしても、最善ではないのである。では何がよいのだろう……。

そもそも英独仏伊などにおいて、別れの挨拶に「再会を期して」が登場したのはそれほど古いことではないらしい。18 世紀ごろ、本来の別れの言葉 adieu やそのドイツ語形 ade に添えて、たとえば Adieu, bis auf Wiedersehen! のように用いられはじめ、19 世紀になると adieu や bis も脱落して現在の Auf Wiedersehen! に至ったようである。

この本来の別れの言葉 adieu（< à dieu）は、もちろん現在のフランス語の別れの挨拶と同じもので、早くからドイツ語にも採用されていた。à dieu は「神にゆだねられてあれ、神の御意志のままに」ほどの意味で（ラテン語 ad deum）、その直訳とも言うべき Gott（3 格）befohlen! もしばしば bis auf Wiedersehen と一緒に登場している（この befohlen は「ゆだねる」という意味の befehlen の過去分詞）。しかしもっと日常的なのは à dieu をドイツ語になじむ語形にした ade で、これはすでに中高独語にも取り入れられ、ルターのころには民謡にも頻繁に見られることからわかるように、「さよなら」として広くドイツ語圏に定着していた。

ヨーロッパは中世末までほぼキリスト教一色に塗りつぶされていたのだから、どの言語においてもちょっとした挨拶が神を称揚する表現であるのは当然であった。13 章でふれた Grüß Gott ! も Ade! とともに、ドイツ語におけるキリスト教的挨拶のひとつである。

ところがルネサンス、人文主義、宗教改革……と世が変化するにつれ、Auf Wiedersehen! や Au revoir! のような、人間中心的な挨拶が勢力を増していくように思われる。元来宗教色が濃かった Ade! は方言に限定されるようになり、南独の Grüß Gott! にまだキリスト教色が残ってはいるものの、ドイツ語の共通語としては Auf Wiedersehen! が特権的地位を占めるに至る。ただし、面白いことにAdieu, Adeと同語源のスペイン語Adiósが、オランダや北ドイツの船乗り言葉からTschüs!　として（まず北ドイツから）広がりはじめ、今では「バイバイ」ほどの軽い別れの言葉として全ドイツ語圏に共通語化しつつある。私個人の経験でも30年ほど以前はTschüs！は学生を中心とした、特に北ドイツの若者言葉だったように記憶しているのだが、今は南ドイツでも、そして老いも若きも気楽に口にするらしい（ただし、くだけた日常的表現である点は昔も今も変わらない。儀式ばった場面や、公式的文章などで使うことはないのである）。Adieu, Ade, Tschüsのどれも本来は宗教色を帯びていたはずだが、今は全くと言ってよいほど宗教性はない。これに似ているのが英語のGoodbye！である。これは本当はGod be with ye!「神があなた（がた）と共におられますように」だったから、宗教的表現のはずだが、もはやだれもここにGodを見なくなってgoodと理解するようになり、やはり単なる「さよなら」となっている。この点、南ドイツのGrüß Gottでは今なおGottという単語が保存されているから、いやおうなく多少とも神様を意識させられることになるだろう。

というわけで、「サヨナラだけが人生だ」の極めつきの独訳は——実はむずかしい。「再会の希望」も「神さま」も背後に引きずっていない別離の「さよなら」に対応するドイツ語は、もしもAde！が今なお共通語として通用していたなら、それがベストかもしれない。Tschüs！もいいが、あまりに俗語的で軽すぎる。

結論として私はLebewohlという名詞を提案することにしよう。これからかなり長期間、いやひょっとすると一生の間会わない可能性のあるようなお別れのとき、しばしばLeben Sie wohl！や　Leb(e) wohl！「ご機嫌よう、お元気でね」という表現が使われる。宗教臭くも俗語臭くもない、端正な言葉である。そのlebe wohl!（2人称単数duに対する命令形）を一語にまとめた中性名詞Lebewohlを用いてみたらどうだろう：Das Leben ist nur（またはbesteht nur aus）Lebewohl.

それとも、もう「さよなら」という別れの言葉にこだわるのは止めて、Abschied「別離」あたりを使おうか？　Das Leben ist nur Abschied... または Das Leben besteht nur aus Abschied... しかしそれではせっかくの「サヨナラだけが……」の面白味や香気が完全に消えてしまうだろう。

唐詩の原文「人生足別離」（足は「満ちる」の意）の直訳としてはこれで十分であるのだが。

43　差別言葉 Hage...?

私事中の私事ながら私は禿げている。事実であるからいたしかたない。欧米人にはずっと多い現象なのだが日本人には比較的少ないから、ハゲという言葉は日本語において特別な Aura を帯びる。心ある人々は禿げている人の前では hage という発音をしないように細心の注意をして下さる――それがまた当人には気が重いのである。あるとき、ドイツ語研究室の図書カード整理をしていたアルバイトの女子学生２人が――いわゆる箸がころがってもおかしい年齢である――ふらりと顔を出した私の顔を見るや、笑いの発作とそれを抑えようとする発作の混合発作に襲われ、見るのも気の毒なので私はニタニタと笑ってまわれ右をしたのであった。後でひそかに彼女らがいじっていたカードを見ると、著者名が Hagedorn.　なあるほど、彼女らはこれを「禿げとるん」という京都言葉にとったのである――

ハゲトルンならぬハーゲドルン Hagedorn 氏は若きゲーテなどにも大きな影響を与えた 18 世紀の作家だが、普通名詞 Hagedorn はバラ科の低木「サンザシ」のことである。Hage- は Hag「生け垣、生け垣で囲まれた土地；茂み、やぶ」（英 haw）。-dorn は Dorn「とげ、いばら」（英 thorn）。Hag の原義は「（枝などを）編んで囲む、つかむ」で、Hecke「生け垣」や動詞 hegen「（囲む→）内蔵する、抱く、保護する」などと同語源である（印欧祖語 *kagh-）。「囲まれた土地」だから早くから「集落、村、町」を表すようになり、地名 Hagen、Den Haag（オランダの首都ハーグ、den は古い定冠詞単数与格形で、zum ／ beim Hag ほどの意味）などがその例である。さらにこの Hagen の縮約形が Hain で、元来は囲いのある林や森のことだったが、ルターが多用したことから普及し、今では雅語として「林苑」、あるいはゲルマンの詩神が住む神聖な杜、などを指す（中東部ドイツには -hain という地名が多い）。また「波止場、埠頭」Kai（英 quay）も実はこの Hag と同語源で、原義は「石などを積み重ねて囲んだ場所」である。印欧祖語の k 音はゲルマン語では h に変わったので、Hag や Hain、Hecke などとなったのだが、独 Kai や英 quay はケルト系のフランス語からの（オランダ語経由の）借用語なので、k 音を保持しているわけである。

さてこの Hag 系の地名が多いことは上に述べたが、よく考えると人名も多い。一番有名なのは中世ドイツの英雄叙事詩『ニーベルンゲンの歌』のほとんど中心人物と言ってもいい悪役的英雄ハーゲン Hagen（中高独語ではハゲネ Hagene）である。「柵で囲った自分の所領に住む男、荘園主」ほどの意味であろう。次に――こちらの方が数量的にはずっと多いのだが、ハインリヒ Heinrich が来る。すなわち Hagen-rich「所領の支配者」→ Hainrich → Heinrich と解釈するならば、Hag からできた名前ということになる。しかしそうではなく、Heim-rich「家の支配者」→ Heinrich と解釈する説も有力で、今のところ甲乙つけがたい。甲乙のどちらにせよ、Heiko、Heino、Heinz などというポピュラーな人名もここに属する。

さて、そんなわけで、Hagedorn を見て別に吹き出さなくてもよろしいのであるが、せっかくなので「ハゲ」について少し述べてみよう。上でふれたように、欧米の男性は頭髪の退化現象がアジア人よりかなり早期に、そして広汎に起こる傾向があるので、日本人ほどこの現象を気にしない。しかしそのスピードや程度によって自他ともに敏感になるのは、洋の東西を問わない。ハゲ頭のからかいはローマ喜劇にはたっぷり見られるし、なんと（以下で見るように）旧約聖書でも禿げの預言者は悪童どもに嘲られている。苗字のなかったころには皇帝ですら「禿頭王カール」Karl der Kahle（カール大帝の孫）のように差別的形容詞をつけて他と識別されたのである。

もちろん正式には「カール２世」であり、まさか臣下が彼に「禿頭王さま！」などと呼びかけることはなかったにちがいないが。

このkahlという形容詞、古高独語から見られ、ラテン語calvusの借用語と考えるのが自然なのだが、Dudenの語源辞典などはこれを否定し、スラヴ語と西ゲルマン語の関係を示唆している。しかし長い間kahlがcalvusと関係づけて用いられてきたことは事実である。使用者の意識ではcalvusイコールkahlだったことは否定しえない。

英語のkahl対応語はcallowであるが（古英語calu）、中英語以降には（その意味では）引きつがれず、新しく登場するbaldが責任担当者となる。baldには「白く輝く」の意味もあるので、独blaß「青白い」との関係も推測される。禿げ頭はまず何よりもぴかぴか白く輝く点で注目を引くというわけだ。これに対し独kahlは樹木や風景に用いて「寒々とした、不毛の」というネガティヴなイメージを出す。もし色彩を思い浮かべるなら灰色ということだろうか。

最近のドイツ語、特に口語ではあまり（頭髪に関しては）kahlやkahlköpfigを使わない。名詞Glatze「つるつる頭、禿げ」や、形容詞glatzköpfigが普通で、eine Glatze bekommenとかglatzköpfig werdenと言う方が多いようだ。この語は形容詞glatt「つるつるした、なめらかな；順調な」と同語源であるが（英glad「（順調で）嬉しい」）、中高独語期になって初めて「ぴかぴか、つるつる」の強意表現として使われるようになったらしい。kahlやkahlköpfigはおとなしく中立的だが、Glatzeやglatzköpfigにはたっぷりからかいや軽蔑の念がこもっているのである。このそれまでは俗語だった表現を文章語に持ち込んだのは――やはりあのルター先生だった。旧約「レヴィ記」に祭司がレプラの有無を調べる箇所がある（13章40節以下）。「もし頭部の毛が落ちて後頭部が禿げても、その人は清い。もし前頭部の毛が抜け落ちてそこが禿げても、その人は清い」。Vulgata聖書ではこの部分の「禿げ」はcalvus（とその派生語）

になっているのだが、ルターはこう訳した：Wenn einem Man die heubthar ausfallen ／ das er kahl wird ／ der ist rein ／ fallen sie jm fornen am heubt aus ／ vnd wird eine *glatze* ／ so ist er rein. ルターはなぜわざわざglatzeという俗語をここに持ち込んだのか。なぜkahlをくりかえさなかったのか、理解に苦しむ。あるいはルターにとってglatzeは普通の日常語であって、特に聖書にはふさわしくない卑俗語というわけではなかったということか？

「列王記」下には悪童どもが預言者エリシャの禿げをからかって、罰として熊に引き裂かれるという面白い場面がある（2章23節）。「彼が路を上っていくと、町から小さい子供たちが出てきて彼を嘲り、『禿げ頭、上っていけ。禿げ頭、上っていけ』と言った」。Vulgataではここもcalve（calvusの呼格）であり、そしてルターもKalkopff kom er auff ／ kalkopff kom er auffと淡々とKahlkopfのくりかえしで訳している。

いずれにしても、Glatzeはルター聖書とともにドイツ語圏全体に普及したと言ってもよさそうである。

天才的なドイツ語学者だった関口存男氏が、膨大な語学エッセーのどこかで（途中ながら読者の皆様には、是非関口氏の語学エッセーの熟読をお勧めします。私のこんな本の何十倍も価値があります）、「頭はこんなに禿げちゃいるけど（――たしかに。引用者）、頭の中味は禿げちゃおらぬ！」と啖呵を切っているのを読んで実に感心したことがあった。私もその口真似をしたことが２～３回はあったが、近年は全然やらない。イヤ、やれない。ひょっとすると頭の外側のGlatzeより、内側のGlatzeの方が広大になってしまったかなぁ、と考えこむことが時々あるからである。そうそう、関口氏の例文に「賢者はたいてい禿げ頭だが、禿げ頭が賢者とはかぎらない」とかいうのもあったような気がする……。

閑話休題。Hag(e)の関連語でHagestolzという面白い言葉を紹介しておこう。HagにStolz「誇り、プライド、尊大」がくっついている。まさか「禿げの誇り」なんて思う読者はおられないはず。さてHagの原義を思い出して……「生け垣のプライド」??「茨の林の誇り」??

いやいや、Hagestolzとは、ちょっと頑固で気難しそうな、変り者の「年配の独身男」のことである。「年配の独身主義者」としてある辞書もある。「主義」はともあれ、男性に限られる。高齢の独身男といっても、さほど悲惨な雰囲気はなく、本人は恬淡と気ままにシングルライフを楽しんでいるらしい。19世紀ミュンヘンの風変りな画家カール・シュピッツヴェークKarl Spitzwegが好んで描いたあのタイプ——というと、「ああ、あれか」とうなずく読者もおられるだろう。激動の時代に完全に背を向けた、ひっそりとした老独身者の小仙境。私なども密かに憧れているのだが——イヤ、とっくに実現しているではないかという声も聞こえるが——それはともあれ、Hagestolzという言葉を十分に理解したければシュピッツヴェークの絵を見ればよいのである。

しかしながら「生け垣の尊大さ」がなぜ「老独身男」の意味になるのかは未解決である。前半のHag(e)はよろしい。「生け垣、垣で囲まれた土地」である。問題は後半のstolzにある。実は古高独語ではhagustalt、中高独語でもhagestaltであり、-stolzは中高独語も後期の形である。つまり-staltが本来の形で、これは動詞stellen「立てて置く、設置する」の関連語であり、ゴート語gastaldanや古英語stealdanに「設置する→所有する」の意味があるところから、「設置者、所有者」のことであると考えられる。「誇り高い、尊大な」のstolzとは無関係なのである。古高独語hagustald「若者、下人」、中高独語hagestalt「独身者」のように、すべての例に「未婚」が共通である。これについてはグリム以来こう説明される。つまり古いゲルマンの慣習では親の財産や土地は長男のみが受けつぎ、次・三男以下はわずかなhag「生け垣で囲まれた土地」しか与えられず、当然自立はできぬまま、なかば独身の下人として生きることを余儀なくされた。そういう者のことをhagustaltなどと呼んだというわけである。これに対し、hagは国王領の一定地域で、ここで働かされた若者たちのこと、あるいはhagとは主従を一体にまとめる宗教的な輪のこと、等々の新説も出ているが（詳しくは新版の*Reallexikon der germanischen Altertumskunde*などを参照）、定説はない。

語源はともあれ、Hagestolzは、日本人には「禿げ」を連想させる奇妙な言葉ではあるかもしれないものの、すでに西暦400年ごろのノルウェーのルーン文字文献に初出して以来、延延と生き続け、ついにシュピッツヴェークで興味深い造形にまで達した、面白いゲルマン・ドイツ語であるだろう。英語やオランダ語など他のゲルマン語ではとっくに滅びてしまっているのに、ドイツ語においてのみまだ元気一杯であるのは、あたかもシュピッツヴェーク描くところの変な爺さんが健在であるようにも思えて嬉しい。

なお、付け加えておきたいのだが、どんな人物が典型的なHagestolzであるのかについては、ドイツ語を母語とする人の間でも微妙な違いがあって、シュピッツヴェークの描く人物はむしろEigenbrötler「変わり者、偏屈な独身男」と言うべきだという人もいる（原義は「自分のパンは自分で焼く人」）。Hagestolzには（ひょっとすると-stolzを「誇り高い」と結びつける俗語源解も手伝って）、ある程度経済的にも余裕があって、自分自身に満足した比較的インテリの老いた独身貴族とでも言うべきか。Spitzwegの絵にはかなり貧しそうな、しかし満足しきった様子の老人も描かれていて、こんな場合にはHagestolzはふさわしくないのかもしれない。

44　Hexe の一撃

43 章で見た Hagestolz と語源の上で関連のあるらしい、しかしのんびり気ままな独身老人の Hagestolz とは対極にある言葉を見てみよう。すなわち Hexe「魔女」である。なにやらオドロオドロしく、まがまがしく、私個人としてはあまり係り合いを持ちたくない言葉であるが（ああ、16／17 世紀ころ西欧で大流行した魔女裁判！）、前項の続きとしてザッとさらっておこう。

ドイツ語 Hexe、オランダ語、デンマーク語、ノルウェー語が haks、スウェーデン語 häxa と、みなよく似ているが、ただ英語のみ現今は別語源の witch が普通である。英語にもこの系統の hag〔hǽ(:)g〕「醜悪な老婆；魔女」はちゃんとあるのだが、今では witch の方が優勢である。この Hexe、一見したところ、北ゲルマン語と西ゲルマン語に共通の単語であるようだが、デンマーク語などには低地ドイツ語が伝わったのであり、だから西ゲルマン共通語と言っていいのである。

さて、実はこの単語の語源はあまりはっきりしていない。前半部が前章で扱った Hag「垣根；垣根で囲まれた土地；茂み」であることはまずまちがいない：古英語 hægtesse、古高独語（hagazussa →）hazussa、hazessa、中高独語（hegxe →）hecse、hesse、中蘭語 hag(h)etisse など。問題は後半部の -tesse, -zussa などで、一般にはノルウェー方言 tysia「妖精」などに見られるように印欧祖語 *dheus-「うすぼんやりと渦を巻く」から生じた要素と見なされる。つまり「生け垣の茂みのあたりにひそむ妖精、お化け」ほどの意味となるだろう。別の意見では後半部を「憎むべき者」*hatusī（英 hate、独 hassen）と解する。つまり「生け垣や茂みにひそんでいるいやな奴」となろう。さらに、後半部は英 toad「ひき蛙」などと同じもので、がまやひき蛙が病気や災厄を引きおこすと信じられたことから、という説もある。この他に「夜間に生け垣を越えて（あるいは生け垣を伝って）侵入するもの」の可能性もある。混沌として私などの出る幕ではない。そもそも Hag とは全く無関係で、「技に長じたもの」が原義とする説もあるくらいなのだから。

古高独語や古英語以来の古い言葉ではあるが、中世末期まではさほど頻繁には見られず、ドイツ語では Unhold(in)「不吉な奴」、英語では witch 系統の語の方が普通である。ところが 15 世紀ころになると俄然 Hexe が増大してくる。理由はよくわからないが、このころから急に盛んになる魔女狩りと関係していることは確かである。17 世紀末まで猖獗を極めたこの狂気沙汰には、Hexe という言葉しか用いられない（英語では依然として古来の witch で、hag は比喩的に「醜い老婆」に意味が狭まる）。

魔女狩りや魔女裁判について深入りする気も能力もない。ただどうしても不思議でならないのは、まずなぜ「魔男」ではなく「魔女」なのか、次に、なぜ「愛の宗教」であると主張するキリスト教のまっただ中で、残虐きわまる魔女狩りが行われたのか、ということである

「魔男」Hexer という言葉もないわけではないが、これは Hexe にくっつけて新たにできたものらしく、古高独語や中高独語には見あたらない。やはり Hexe は女性でなければならないのである。——結局、産む性としての女性の持つ神秘性に対する男性の畏怖が、極端にゆがんで魔女というイメージを作りだしたのではなかろうか。この対極にあるのが、聖母マリア崇拝だろう。女性の持つすべての神秘性、母性原理に対する男性の憧憬の結晶がマリアだろう。マリアと魔女は、男性の目から見た女性イメージの正と負の両極端なのだろう。

そしてここでもうひとつ考えていいのは、キリスト教の——とい

うよりは歴史的なキリスト教会の——女性蔑視・男性中心主義である（カトリックでは今でも女性は神父・司祭にはなれない）。庶民とはちがって、女性との性的接触など一切禁止されていた男性聖職者の一種ゆがんだ妄想が、マリアと魔女という両極端に至ったと考えるのも極端であろうか？

魔女狩りや魔女裁判が猖獗を極めたのは、中世末期から近世初期、13 世紀ころから 17 世紀ころにかけてであった。はじめは悪名高い異端審問の一部門であったのだが、中世末期になって都市民の勃興、旧勢力の没落という社会変動にともなって、不合理な魔女恐怖が広がり、宗教裁判の重要部門となったらしい。皮肉なことに宗教改革と印刷術の発展によって、かえって魔女裁判も神学的論争を土台にして徹底的に、残虐に、そして大々的に行われるようになってしまった。17 世紀ころには魔女裁判とは名ばかりで、政治的闘争に係った多くの男性も「魔女」と見なされて処刑場の露と消えたそうである。

隣人愛を説くキリスト教、ヒューマニズムの本家のように思われるヨーロッパで、このような蛮行が長期間猛威をふるったことは信じがたい。が、少し皮肉な目で眺めると、キリスト教は——と言うか、歴史的な存在としてのキリスト教会は、と言うべきだろうか——異教徒あるいは（こちらの方がずっと激しいのだが）異端に対する敵視ないし憎悪の強さという点では、実にきわだっていると言わざるをえない。ユダヤやイスラムの異教徒への敵意はわかるとしても（改宗しようとしなかったザクセン族に手を焼いたカール大帝は、どんな残虐な復讐をしたことか！）、いわば獅子身中の虫たる異端への憎悪はただごとではない。14 世紀南仏アルビジョアのカタリ派への徹底的弾圧、カトリックとプロテスタントの血で血を洗う闘争、などはその代表例だろうが、実はキリスト教の本家筋にあたるユダヤ教およびユダヤ人への敵意と憎悪も、同じく近親憎悪のひとつなのではなかろうか。

魔女狩り、魔女裁判という現象にも、私はこの異端憎悪（近親憎悪）、そして女性蔑視というキリスト教会の悪しき特色の結合を見るように思う——もっともこれは、紀元後30年ころに十字架につけられたイエスという人物および彼の教えとは何の関係もないことではあるが。

まがまがしいHexeについてのお話の最後は、もう少し明るいHexe——そうでもないか？——で終えることにしよう。さて皆さん、Hexenschußとは何でしょう？　Hexen-は「魔女の」、-schußは「射撃」（英shot）（< schießen、英shoot）。だからHexenschußは「魔女の射撃」ということになる。魔女にライフル銃はあまり似合わないから、弓矢での射撃か……実はこれはいわゆる「ぎっくり腰」のことである。突然ガツーン、またはギックリと来て、どうにも身体を動かせなくなる、あの痛い金縛りのことであり、これを「魔女の一発」と表現したのは見事である。ドイツ語の文献では16世紀初出だそうであるが、古くからドイツや英国の民間では伝わっていた表現らしく、古英語にはhægtessan gescot「魔女の射撃」や、ylfa gescot「妖精の射撃」が見られる。また現代英語でもelf arrow「妖精の石矢じり」、elf dart「妖精の投げ矢」があって、石鏃や、矢じり形の小石のことを言う。これらは妖精の放った矢で、不思議な力があるとされる。

Hexenschußがこのように古い由緒のものだとすると、-schußがライフル銃や大砲でないことは明らかだろう。弓矢を持った妖精というとすぐキューピッドのことが思い出されるが、ひょっとするとこのキューピッドの姿が、ゲルマン族のHexenschußやelf dart／arrowの遠い先祖になったということはないだろうか？　Hexeとキューピッドではイメージが違いすぎるが、しかしそれは現代語のHexeがあまりに陰惨になりすぎているからで、古高独語や古英語の段階では単なる「妖精」、「もののけ」ほどの意味だったのだから、あながち100パーセント荒唐無稽な妄説とも言えないのかもしれぬ。

45　元禄の武士ケンペル氏

魔女Hexeについて考えていたら、元禄時代に江戸城を訪れたドイツ人学者ケンペルのことを思い出した。ケンペルEngelbert Kaempfer（1651～1716）を極東の島国にまで流れ着かせたのは、故郷の野蛮な魔女裁判だった可能性もあるのだから。

ドイツの国土を極度に荒廃させた30年戦争によって、ドイツの社会秩序も人心も地に落ちた。オランダやイギリス、そしてフランスなどでは早くも理性的な啓蒙主義が始まっていたというのに、ドイツでは逆に宗教的狂気の嵐が吹き荒れた。ケンペルの生まれ育った北独の都市レムゴー（Lemgo）は裕福なハンザ都市であったが、彼の少年時代にこの町では魔女狩りという宗教的ヒステリーが頂点に達し、３年間で38人の「魔女」が火あぶりの刑に処せられた。しかもケンペルの義理の叔父は牧師として魔女裁判に批判を表明したため、彼自身が魔女であるとして死刑になってしまったのである。当時14歳だったケンペルがこれをどう受けとめたのか、彼自身は何も記していない。しかし後年の自著において異国の迷信について語るとき、彼は突如としてドイツの魔女信仰について長々と批判的な見解を述べはじめる。しかも学術的に冷静な全体的記述には珍しく感情的と言ってもいい文体で。16歳で故郷を去り、43歳でレムゴー近郊リーメ村の父親の家に戻るまで、彼は故郷に背を向けてひたすら異国の旅を続けた。魔女裁判の悪夢が、彼を世界の東の果てまで駆りたてたひとつの遠因となったのではなかろうか。

魔女の話はもう止めよう。私としては、一般に理性的・理論的・合理的（なにやら「理」ばかりだが……）精神の持ち主と考えられているドイツ人が、歴史のところどころで見せるあの極端な狂気――

その最たるものがナチスのユダヤ人迫害だが——、そのひとつが魔女狩りだったと確認すればよいのだから（もちろん魔女狩りもユダヤ人迫害もドイツだけのことではなく、ヨーロッパ全体に当てはまるのだが、その極端な徹底さはドイツがダントツと言わざるをえない）。

さてこのケンペル Kaempfer 氏の名前、現在の書き方ならば Kämpfer で、「戦士、闘士」という普通名詞である。だれでもすぐ思いつくように、ケンペル氏も仲間からは「闘士」君とも呼ばれたようで、彼の卒業論文の巻末に寄せられた祝辞にはケンペルと闘士とを重ねたものが多く見られるという（B. M. ボダルト＝ベイリー『ケンペルと徳川綱吉』38 頁）。大探検家、冒険的科学者としてのケンペルはたしかに数限りない苦境と戦い抜いた人だから、「戦う人ケンペル」というネーミングはぴったりでないことはない。

Kämpfer の土台にある単語 Kampf「戦い、闘争」は、なにやらとてもドイツ的ないしゲルマン的に聞こえるが（たとえば悪名高いヒトラーの „*Mein Kampf*“）、実はラテン語 campus「平原、平地、戦場；（中世ラテン語）戦闘」を早い時期に取り入れた外来語である。「早い時期」というのは、ローマ軍団がライン川沿いに定住して、「ワイン」Wein（<羅 vīnum）や「油」Öl（<羅 oleum「オリーブ油」）、「台所」Küche（<羅 coquina ／ cocina）や「机」Tisch（<羅 discus「円盤」）などのローマ文明の言葉が周辺のゲルマン語（西ゲルマン語）に普及していったのと同じ、古代末期から中世初期のころである。軍隊周辺からの借用語だから、「戦場」や「戦闘」の意味が濃くなり、そこから早速「戦う、一騎打ちをする」の kämpfen や、「戦士、兵士、一騎打ちをする人」の Kämpfer も成立することになった。純粋ゲルマン語の同義語としては、たとえば古高独語の veht（現代独語 Fechten、英 fight）や strît（＝ Streit）の系統のものがあり（動詞はそれぞれ vehtan, strîtan）、そちらの方が古高独語においてはより一般的であった。しかし後にはラテン語由来の Kampf 系が優勢になっていく。

「戦士、闘士」は古高独語では kempfo で（行為者名詞を作る接尾辞はまだ古来の -o であり、ラテン語接尾辞 -arius に由来する -er はまだ登場していない）、なにしろローマ文明を背負った単語だから、当初は一騎打ちをする職業的な「剣闘士」（羅 gladiātor）をも意味したらしい。中高独語でも kampfe という語形が普通であり、kempfer という形は 12 世紀以降である。われらのケンペル家の御先祖も職業的な戦士、あるいは剣闘士であったのだろうか？

ところがドイツの地名や苗字の辞典によると、北西部ドイツでは小字名に「畑地」を意味する Kampf のついたものが多いそうで、当然それに -er を付けて「畑の耕作者」を意味する Kampfer や Kämpfer という苗字も多いとか。とすると北西部出身のケンペル家の苗字もここに属すると考える方が自然であるようだ。つまり元になったラテン語 campus の本来の意味である「平地、平野、耕地」を受けついだわけで、後期ラテン語・俗ラテン語で生じた「戦場；戦闘」とは縁が薄いようである。要するに日本にもよくある「畑さん」なのであって、だから「闘士ケンペル」という語呂合わせの表現は、まちがった俗語源解 Volksetymologie にもとづくということになるだろう。

名前の由来が本当は「耕作者」であれ、あるいは俗語源解の「闘士」であれ、ケンペルの学者としての精神は現代にはるかに先駆けて寛容であり、進歩的であった（ここに彼の少年時代のおぞましい魔女狩り体験の影響があるのかもしれない）。帰欧後公表された彼の著作は注目を集め、カントやゲーテ、ヴォルテールなどこの時代の最高の頭脳にも少なからざる影響をおよぼした。日本の鎖国を肯定的に評価した彼の「鎖国論」は、カントの『永久平和論』にも何らかの刺激を与えたことは確実と見なされている。

鎖国の江戸に西欧の科学を伝え、また日本を西欧に知らしめたドイツ人というと、まずシーボルトが有名であるが、実はケンペルの果たした役割も決してシーボルトに劣るものではない。現にドイツではケンペルの方がよく知られており、シーボルトは日本学者を除いてはそれほど知られていないと言ってもよいほどである。これにはさまざまの内的・外的要因が働いていて、決して両者の業績の優劣云々とは無関係なのではあるが、140年ほども後輩のシーボルトの巨大な影におおわれてしまった感のある先輩、「闘士？ケンペル」を少々前に押し出してやりたい気もするのである。

46　勇敢なる勝者シーボルト

ケンペル氏の名前の由来をあつかって、140年後の後輩シーボルト大先生をあつかわないわけにはいくまい。前項でもふれたように、日本では悲劇的なシーボルト事件や愛妻（?）お滝さんとの交情と別離、また多くの有能な門人を育てたことなどによってシーボルトの方がずっと有名であるが――現に彼の名を冠した公立大学もある――、ドイツではほぼ逆転する。それはともあれ、シーボルト自身は大先輩ケンペルをとても尊敬していた。今なお長崎の出島に現存するケンペルとテュンベリーという二人の先輩の顕彰碑は、シーボルトが1826年に建てたものである。

自ら多くの病人を治療し、また以降の日本の医学や生物学で大きな役を演ずることになる門人多数を育てたところから、シーボルトは近代日本の恩人と見なされている。だから研究書も呉秀三の大著『シーボルト先生』をはじめ汗牛充棟、断簡零墨に至るまで研究されているのだが（実はかく言う私も断簡をいじりまわしている一人なのだが）、シーボルトという姓の語源調査は管見のかぎりでは見たことがない。だからそれをここでちょっと試みるのだが、実は語源学的にはそう難しいテーマではない。Siebold は日本では一般に「シーボルト」と呼ばれるが、正式にはもちろん「ジーボルト」か「ズィーボルト」である。南独での s + 母音はかなり無声音に近いのであまりこだわらなくともよいという意見もあるが、しかし標準発音ならやはり「ジー」か「ズィー」の方がよいだろう。「シーボルト」はオランダ語の s + 母音が無声音なので、オランダ通詞が無声音で呼んだせいだと思われる（蛇足だが、シーボルトは日本人の間ではオランダ人ということになっていたのである――念のため）。

さてこのSieboldは古くからの純粋ゲルマン語の名称で、古高独語ならSigu-baldとなる。siguは現在のSieg「勝利」、baldは「勇敢な」で、現代の独語からは失われたが英語のbold「勇敢な」に残っている（「勇敢な」が「決断が早い→早い」に移って現代独語のbald「まもなく」に変化したことについては18章「見事さと時間の関係」参照)。つまり「勇敢なる勝利(者)」ほどの意味で、いかにもゲルマン人好みの勇ましい名称である。このSieg「勝利」を含んだ名称は男性ならSiegfried「平和の守り手たる勝利者」、Si(e)gmund「勝利の守護者」（-mundは「口」ではなく、「手」の意味の古語。今もVormund「後見人」に残る)、女性ならSigrid「美わしき（rid < friđr〈美しい〉）勝利」、Si(e)glinde「おだやかな（lind）勝利」、Si(e)grun「ルーン文字で占いをする勝利（の女神)」などに見られる。これらはゲルマン人のキリスト教受容以前からの「由緒ある」名称だが、戦後はめっきり減ったのは自然だろう。こういう名前の人はだいたい1945年以前の生まれである。ついでながら、2011年3月11日の福島原発メルトダウン以降、すべての日本人の耳におなじみになってしまった放射線単位シーベルト（sievert）は、スウェーデンの物理学者Rolf Sievertにちなむのだが、このSievertもSiegとWart、すなわち「勝利の管理者」から成立している。

このSieboldにはSiebelt, Sibbelt, Seibold, Seibeld, Seipold, Seipelなどさまざまなバリエーションがあり、ラテン語化するとSebaldusとなって、有名なニュルンベルクの守護聖人St. Sebaldusがその代表である。伝説によると彼はデンマークの王子だったそうだから、典型的なゲルマン系の名前を持っていたことには何の不思議もない。ニュルンベルク旧市街の中心には14世紀に建てられたSebaldus-Kircheがあって、ニュルンベルクの発展は何よりもまずこの聖人の墓に詣でる巡礼地としてであった。

シーボルトの一族はこのニュルンベルクやヴュルツブルクを核とする（バイエルン州の）フランケン地方の各地に広まっていたのだ

が、シーボルトやその他のシーボルト家の人たちが、名前からすると同族ないし御先祖かもしれない聖セバルドゥスに特別の敬意を抱いていたかどうか、寡聞にして私は知らない。

以下はまったくの蛇足。私が住んでいる大津市の一角には「ヴュルツブルク通り」という長さ200メートルほどの通りがある。大津市はヴュルツブルク市の姉妹都市なので、――姉さんか妹かの名を市役所主導でつけたものらしい。が実は99パーセントの市民はそんな通りは知らないのが面白い。そもそもなぜ大津とヴュルツブルクが姉妹都市なのか、ちゃんと知っている市民もほとんどいない。シーボルトは江戸参府の途次、往復2度大津を通ってなかなか興味深い記録を残してはいるのだが、しかしいかにヴュルツブルク出身のシーボルトが近代日本の大恩人であっても、前後2回通過しただけの縁をもって、両市の姉妹提携の仲人となるわけにはいくまい。では両市に格別の共通点でも？　――大津は琵琶湖畔の町、ヴュルツブルクもマイン河畔の都市だが、しかし琵琶湖とマイン河だけではねぇ……実は、これこそ大津市民の99.5パーセント以上が絶対にこれまで一度もその名を聞いたことがないであろうヴュルツブルク出身の詩人・小説家マックス・ダウテンダイ Max Dauthendey（1867 – 1918）が、仲人なのである（もちろんはるか昔に死んだ彼は夢にも知らないことなのだが）。孤独な世界一周旅行の途上、1906（明治39）年に彼は4週間ほど日本に滞在し、京都や奈良見物に1週間費やしている。5月1日には京都から人力車で琵琶湖畔の三井寺や唐崎の松を訪れた。もともと画家志望で視覚的幻想に秀でたこの詩人は、新緑の大湖の風景に心を奪われたらしい。帰国後の1911（明治44）年『琵琶湖八景』（*Die acht Gesichter am Biwasee*）という短篇集を発表した。これはもちろん三井の晩鐘や唐崎の夜雨など、琵琶湖の名勝の八景を中国の瀟湘八景に模して定めた「近江八景」にもとづいた題名であるが、ダウテンダイはそれらの名勝のそれぞれに精緻な自然描写と簡潔な人物描写を織りこんだ愛憎の物語を創りあげた。一種の幻想物語で、日本人からすると荒唐無稽な箇所も多いが、彼が経験したはずもない秋や冬の琵琶湖の見事な情景描写と、それと一体になった奇矯な情熱の物語とは、一読忘れがたい印象を残す。一見するとエキゾチシズムに乗った手軽なメルヘン集のように感じるかもしれないが、事実は正反対、西欧と日本、エロスなどについての深い思考が根底にある。

それはともかくドイツ語圏においても玄人向きの作家であり作品であって、だれでも知っているというわけではない。邦訳も公刊本は2004年（私家本は1992年）で、日本のドイツ文学専門家でも原文を読んだ人はそう多くはないであろう。それなのに1979（昭和54）年、この作品が機縁となって詩人の出身地ヴュルツブルクと大津市が姉妹都市となったというのは——興味深い（ドイツ語でもこういうときはinteressantを使う）。どなたがお膳立てをされたのか知らぬが、大津側は市長氏をはじめだれもこの作品を読んではいなかったであろうから、調印式典などはさぞかし模糊たる雰囲気の中で進んだのであろう——イヤ、私は別に皮肉を言っているわけではない。異文化交流は多すぎることは決してないのだから。

この詩人のこの作品以外にも、両都市には大きな共通点がないことはない。ヴュルツブルクは司教座のあるカトリックの牙城、そして日本仏教の一大牙城たる比叡山延暦寺は大津市にある（京都市ではない）。これにマイン河畔の町、琵琶湖岸の町という地理学的な類似点もあって、めでたくSchwesterstädteが成立したのであろう。Ende gut, alles gut.

さて長い蛇足の最後に短い蛇足を。Dauthendeyは変わった姓で、由来もはっきりしない。おそらくは耕牧地名（ないしは小字名）で、Dauthen- はDaudeやDude「湿地、芦の生えた土地」、-deyは不詳だが、ひょっとするとAue／Au「（水辺の）草地、中洲」と関係するかもしれない。遠祖はスペイン系だそうであるが、この姓は完全にドイツのものと言っていいだろう。ともあれ、日本に縁の深い大先輩の「闘士」Kaempferや「勇敢なる勝者」Sieboldにくらべると、肩ひじ張らない、つつましやかな自然的名称であることはたしかである。

シーボルト像（川原慶賀筆）。

47　地震 Erdbeben と津波 Tsunami

まがまがしい上にもまがまがしい単語である。日本は地震については超有名国のひとつで、いつでも大地震が起こりうることはだれでも知っている。それなのに原発というまがまがしさの純粋結晶のようなものをこの小さな国土に50以上も建ててしまったというのは――、少し大げさかもしれないが、地球上の人類・動植物すべてに対する犯罪行為だったのではなかろうか。大地震と大津波によって日本の原発が破壊され、世界中が固唾を呑んで見守っている今（私事ながら、私のところには早く日本を脱出せよという電話やメールがジャンジャン欧州の知友から寄せられつつある――）、のんきに語源道楽などにふけっているのも奇妙ではある。しかし私ごときが今ごろ騒いでも何の役にも立たず、さいわい老い先短い身、また原発建設には批判的ではありながら何ほどの運動も積極的にはせず、結局原発カタストロフィには共同責任が私にもあるわけで、だからまあ座視して成行きに任せることにしよう。もし危機がうまく回避されたら、その後は及ばずながらも反原発・脱原発の行動に邁進したいと殊勝なる覚悟をしております……（欧州の知友もこう答えるとたいていは納得してくれるようだ）。

さてまずは地震。日本語の地震はだれでもすぐわかるように漢語である。本来の日本語では「ない」（歴史的仮名づかいでは「なゐ」）で、古事記や日本書紀などにすでに「地震」、または「地動」と書いて那為（ナイ）と読ませる例が見られる。「な」が「大地」の意味で「野」や「根」と同系語、「い」は「居」で、安定性や固定制を示す接尾語（雲の静かな状態を指す「雲居」や、ある程度の広がりを持つ田圃を指す「田居」などに見られる）である。だから「ない」自体は「大地」で、地震を表すには「ない振る」「ない揺る」というべきなのだが、後には「ない」即「地震」となった。

ドイツ語のErdbebenはもちろんErde「大地、土地」とBeben「震動」の合成語であり、純粋のドイツ語とも、あるいはラテン語terrae mōtus「地の動揺」のなぞりとも考えられる。現行のErdbebenという語形はルターの1545年版の聖書翻訳から始まる。古来の形はErdbebungで（古高独語erdibibunga、中高独語ertbibunge）、ルターも1522年版ではこの形を用いている。この他に古高独語erdbiba、中高独語ertbibeもある。ルターが1545年版で採用した新しい語形は中部地方のドイツ語形で、不定詞bebenを中性名詞化したもの。今ではこれが標準形であり、ルター訳聖書の影響の大きさに驚かされるのである。

このbebenという動詞（本来は上に見たようにbiben）は元来は「怖がる」ほどの意味だったらしく、想定できる印欧語祖形は *bhōi-, bhəi- など。それをちょうど日本語の「ブルブル」や「ビクビク」「ガタガタ」などのように強調反復したものが古高独bibenなどということになる。

現代の英語ではearthquakeが一般的だが、これは中期英語以降（14世紀）で比較的新しい。それ以前はドイツ語と同系のeorþ-bifung／-beofungや、eorþ-dyne「地鳴り」（dyne「響き」は独Ton、tönenと同系）、またeorþ-styring／-styrennes「地の動揺」（英stirn、独störenと同系）などの形が併存した。

一般にドイツ人は地震というものを知らない。BaselやSchwarzwaldなどライン川上流の古い火山脈のあたりで、ごく稀に局地的な地震があるだけではなかろうか。聖書の記述やクライストの小説（*Erdbeben in Chile*）、またともに数万人の死者を出したリスボン（1755年）やメッシーナ（1908年）の大地震についても歴史的事実として知るだけで、いわば間接的にしか知識がない。だからちょっとした地震でも実際に体験するとパニックの程度ははなはだしいことになる。

さて地震から津波に移ることにしよう。津波の語源は、普通はおだやかな港すなわち「津」のあたりに突然押し寄せてくる大「波」、と解釈される。海の沖ではあまり目立たず、海岸や港で災害を引きおこすのだからもっともである。つよなみ「強波」からという説もあるが、ちと怪しい。日本語でもそれほど古い言葉ではなく、近世以降のもののようである。それ以前は高潮（たかしお）と言っていたらしいが、これだと台風などによる海の洪水と区別はしていないことになる。海嘯と書いて「つなみ」と読ませる例もあるが、海嘯は満潮が河口を遡って激しく波立つ現象が本来である。何度も津波に襲われた（そして今度も！）三陸海岸地方では「よだ」と言うのが普通だったらしい。

今回の大災害で身にしみてわかったように、tsunamiはもはや万国共通語となっている。はじめてtsunamiをそのまま英語に用いたのは、かのラフカディオ・ハーン Lafcadio Hearn（1850 ~ 1904）だったらしい。明治29年の三陸大津波にショックを受けた彼（当時神戸在住）は、安政南海地震に自分の稲むらに火を放って村人を津波から救った浜口悟陵の話を『生神様』として発表し、そこにtsunamiを用いたのである。ドイツ語やフランス語には英語から入った。だから綴りも英語のまま、ドイツ語ではTsunamiであり、*Zunamiなどではない。性は男性、複数は -sをつける。強力な自然現象が男性と見なされるのは不思議ではないが、ただし複数を -sで作るのはドイツ語においては中性名詞に限られるから、Tsunamisの場合は英語の複数系をそのまま採用したことがわかる。

北ドイツの一部を除き海との縁があまりないドイツ人は、地震と同様に津波についてもほとんど実感がない。ドイツでもよくある河川や湖の洪水や氾濫にはFlutやÜberschwemmung、Hochwasserなどが用いられるが、津波の場合には（durch Seebeben ausgelöste）Flutwelle（im Pazifik）、（durch unterseeische Erdbeben und

Vulkanausbrüche erzeugte）Oberflächenwellen des Meeres、あるいは（besonders im Pazifik plötzlich auftretende）Flutwelle などの面倒な表現をしている。いろいろの説明が必要なのだ。

地震にも津波にも（そして―― hoffentlich！原発災害にも？）縁のうすいドイツは幸せである。原発については何も書く気がおこらないので、ため息をつきつつこの項はおしまいとしよう。

48 Kraft

原発については書く気がないと言った舌の根も乾かぬうちに、原発すなわち原子力発電所 Atomkraftwerk、または Kernkraftwerk の、Kraft や Kern という純粋ドイツ語が気になってきてしまった。せっかくだから（何が？）ちょっとだけ語源などを探ってみることにしよう。

すぐ気づくのは、Atomkraftwerk も Kernkraftwerk も、Atom を除けばゲルマン語のみでできていることである。日本語の「原子力発電所」や「核発電所」（これはあまり使われない）は 100 パーセント漢語であるのと対照的である。面白い話だが、ドイツ語の公用語・官庁語、要するにお役所言葉は、できるだけ外来語を避けて純粋ドイツ語を用いる傾向が強い。お堅い表現はすべて漢語にする日本とまったく逆なのである。ごく簡単な例をあげると、車（自動車）のことは口語ではほとんど 100 パーセント、フランス語由来の Auto であるが（Wagen と言う人もいるが少数）、お役所言葉では Kraftfahrzeug（厳密に訳せば、「原動機による乗物・車両」）が正式である（Fahrzeug「乗物」自身は低地独語やオランダ語由来で、はじめは船舶のことだったが、19 世紀以降に陸上車両の意味に限定されたものである）。同じ傾向を示しているのが、たとえば「鉄道」の Eisenbahn、「飛行機」の Flugzeug、「ヘリコプター」の Hubschrauber などである。Eisenbahn は元来は炭坑などのトロッコ（この日本語は英語 truck の転訛）の原始的な鉄製軌条のことだったが、英国、次いでフランスで鉄道が発達すると、仏語 chemin de fer「鉄の道」の翻訳語として一般的になった。Flugzeug は 20 世紀初頭に Fahrzeug をまねて作られた（「飛行のための機械」）。Hubschrauber は 20 世紀にフランス語の hélicoptère（ギリシャ語系の合成形で、原義は「螺旋形の翼」。はじめは竹とんぼのような玩具のことだったが、20 世紀になって「ヘリコプター」となった）を意訳したものである。Hub- は heben「持ちあげる」の派生語で「（まっすぐ上と下への）飛翔」のこと。Schrauber は Schraube「螺旋」に動作主を示す語尾 -er を付けた新造語。要するに「上下に飛行できる螺旋状のもの」ということになるだろう。

ことほどさように、ドイツ語は外来語に対するガードが、特にお役所言葉において堅い言語なのである。

さて本題に戻って（Atom- ／ Kern-）kraftwerk を見ることにしよう。Werk はよろしかろう。問題は Kraft である。「力、能力、勢力、エネルギー」など男性原理を示す単語が女性名詞であるのは少し不思議だが、実は動詞語幹に -t（印欧祖語では *-ti）という接尾辞を付けてできる抽象名詞は女性名詞という一般原則がある。walten「統治する」からできた Gewalt「暴力」、mögen「能力がある」からの Macht「権力」、tun「おこなう」からの Tat「行為」、fliehen「逃げる」からの Flucht「逃亡」などがその例である。残念ながら Kraft の場合は、その出発点になるべき動詞語幹はすぐには見つからない。むしろ逆に上の原則から類推をたくましくして、「ねじる、よじる、曲げる」が原義であるらしい印欧祖語 *ger-, *grep- を想定する方が便利である。「ねじり、よじ曲げる」ことからはすぐ筋骨隆隆、筋肉モリモリのパワー誇示が連想されるではないか。モリモリもやりすぎると痙攣やひきつけ、こむらがえり、すなわち Krampf に至る。ねじれ、よじれた状態は krumm「曲がった」という形容詞で表すのが普通である。とどのつまりは Kralle「かぎ爪」や Kreuz「十字（架）」、Kringel「輪」まで同根語ということになるのだが、ともあれ、力をこめて筋肉をよじる行為が Kraft の原義であり、そこから「力、勢力」となったと言ってよいだろう。人間の持つ力に限らず、自然界の力やエネルギーに応用されるのも当然で、そこから近代の電気の開発利用とともに「電力」の意味を持つようになった（19世紀の末）。Kraftwerkはおそらく英語のpower stationのなぞりであろう。

power stationイコールKraftwerkの例でわかるように、独Kraftに相当する英語はpowerである。このpowerは古フランス語poeir（現代仏語pouvoir「……できる」）が14世紀ごろに英語に取り入れられたもので、従来の英語miht（現代英語might、独Macht）やgeweald（独Gewalt）を駆逐して広まった。

実は「力」を表す本来の英語には、これらmihtやgewealdと並んで独Kraftによく似たcræftもあった。しかしこのcræftは、肉体的物理的な「力」よりも、「技巧、腕前、わざ」というニュアンスがはじめから濃かったらしい。たとえば10世紀のカンタベリー大司教エルフリックAelfricの『職業についての対話集』（初学者用ラテン語教科書だが、逐一古英語翻訳がつけられている）を見ると、Hwelcne cræft canst þu?「汝はいかなるわざを心得ているのか」と問い、Mīn cræft is ēow swiþe nytt and swiþe nīedbehēfe.「私のわざはあなたがたにとって非常に役に立ち、かつ必要なものであります」と答えられている。ドイツ語のKraft「力、エネルギー」も時とともにMacht「権力」やGewalt「暴力」と意味の分化を経験したのだが、英語cræftは古い段階から「技巧」の方に重点があって現代英語のcraft「技芸」、craftsman「熟練した職人、工芸家」、handicraft「手工芸」などに直結している。すでに上に見たようにKraft／craftの根本原義が「曲げる、よじる」等であれば、英語の方が原義に一歩近いとさえ言ってよいだろう。

さて次にKern「核、原子核」である。原子力発電所KernkraftwerkのKernは、Atomkern「原子核」のAtomを省略したもの。日本語では「核」とか「中核」というと、何やら難しい響きがあるが、漢語からの借用語だから多少の固さは仕方ない。純粋日本語では「サネ」か「タネ」（両者とも「根」にもとづいているらしい）になるだろうが、まさか「原発のサネ／タネ」などと言うわけにはいかないのが日本語である。ところがドイツ語のKernはドイツ人にとっては正に「サネ、タネ」以外の何物でもない「ゲルマン言葉」（大和言葉に対照させて仮に作ってみたが……）である。

さてAtomkernは英語atomic nucleusの翻訳語だから、Kernはnucleusの訳語である。この英語のもとになったラテン語nucleusはnucla「小さい核果」の形容詞が独立した男性名詞であるから、結局はラテン語nux「核果、クルミ、ハシバミなどの実」からの派生語ということになる。おや、ドイツ語のNuss「クルミ」、英語のnutがすぐ連想されはしないだろうか？　事実、ラテン語のnuxとゲルマン語のNuss、nutは印欧語の出発点は同じで、いわば「一つ穴のムジナ」なのである（決してラテン語をゲルマン語が借用したわけではない）。

では、屁理屈をこねれば、atomic nucleusは*Atomnussと独訳してもよかったはずで、どうしてそうはならなかったのか？　——だれでもすぐ考えつくのは、独Nussはラテン語由来の英nucleusとたしかに同語源ではあるが、「クルミ、核果」という日常的・具体的な意味が強すぎて、もはや原子核というお固い専門学術用語には適しないということだ。まさか「原始クルミ」だなんて！

ありがたいことに、ドイツ語にはNuss以外に古くから「サネ・中核」を意味するKernがあった：古高独語ではkerno、中高独語ではkerneという男性弱変化名詞である。オランダ語、北欧語にも同根の対応語があるが、英語ではkernel「仁（クルミなどの核の中の食品部分）；穀粒；中核」である。この語の古英語形はcyrnelで、corn「穀粒、穀物」の縮小形と考えられる。とすると、ドイツ語Kernも当然Kornとの関連が推測される。Kornの印欧祖語まで遡った原義は「老化した、摩滅した、細かくなった物」などであるらしく、そこから「穀物（の粒）」となったようだ。そして麦などの固い粒のイメージがクルミの固い殻に包まれた仁、すなわち核のイメージと重なって、新たな表現Kern「核心」を生み出したと思われる。

英語のkernelは独Kernとほぼ同義ではあったが、今ではクルミや穀物のニュアンスが強すぎて、*atom kernelとするわけにはいかず、ラテン語系のnucleusを採用したわけである。それにくらべるとドイツ語のKernはKornとの分離が早くから進み、英kernelよりは「核、核心、神髄、本質」という意味がはっきり表出されていたため、「原子核」をAtomkernと訳すことができたのだろう。

「本質、神髄」の代表例があの有名なセリフ：Das also war des Pudels Kern「これがむく犬の正体か」（ゲーテ『ファウスト』、第I部1323行）であろう。むく犬に化けた悪魔メフィストフェレスがファウストに正体を見破られたとき、ファウストの発した言葉であるが、これ以降des Pudels Kernは化けの皮をはがされた「正体」という意味で広まった。

さて、いやいやながら原発をめぐるドイツ語のいくつかについて駄弁を弄してきた。原発の安全神話が木端微塵に吹き飛んだ今日、Das also war des Pudels Kernというファウストの言葉を苦々しく嚙みしめつつ、本項を終えるとしよう。

49　古本屋と骨董屋

まったく私的なことながら、私は古本が好きである。旅行に出かけると、旅先のあの町この町の古本屋を訪ねるのが何よりも楽しい。古本屋などないだろうと覚悟していたある山陰の小さな町をブラブラしていたら、100メートルほど先に「古本」という看板が見えるではないか。夕暮れ近く、シャッターをおろしかけている店も多いので、私はあわてて小走りに駆けつけたのだったが、店には書物らしきものなど見あたらない——ワイシャツやらブラウスやらばかり。おや商売替えでもしたのかしらと、改めて看板を見ると、「古本（フルモト）洋品店」——ウーム、こういう苗字の方もいらっしゃるのでした……。

新本店とちがって古本屋は少し特殊な雰囲気があり、そう気楽には立ち入りづらい。私のようにこの道では海千山千、心臓に剛毛が生えていようと、ドアが閉まっている古本屋に入るときは多少の勇気を必要とする。これがヨーロッパの古本屋ならいっそうそうである。たいていの場合、すぐ店員が寄ってきて何をお探しかと尋ねられてしまう。ムニャムニャと何か答えると、その棚の方に案内され、必要な棚から取り出しましょうとまで申し出られては、もうブラブラと見て歩く古本いじりの楽しみは完全に吹っ飛ぶ。イヤ、もちろんこんなときは最初から断固として Ich möchte mich nur mal umschauen「ちょっとあれこれ見てまわりたいのです」などと断わりさえすればよいのだが……。この点、日本の古本屋さんはよろしい。ジロリとうさんくさそうに店主に見られるのを覚悟すれば、30分やそこらあちこちの棚から面白そうな本をひっぱり出して読みふけるのは自由なのだから。ドイツの古本屋には、客が勝手に本を手にとってはいけない店さえある！　手にとるのはよくても、本棚に戻すときはジッとこちらの手もとを監視し、やりかたが気に入らないと叱る店主もある。ベルリンの古本屋で、ある本をきゅうくつな棚にギュッと押し戻したら：Sie müssen die Bücher wie ein junges Fräulein sehr sanft behandeln! と叱られた。あまり junges Fräulein と付き合いがないもんで、と答えようと思ったが、やめておいた。

さてこの古本や古本屋はドイツ語で何と言うだろう。altes Buch とか、Buchhandlung für alte Bücher とか言えないこともないが、これらはただ「古い本」、「古い本を扱う本屋」という言い換えにすぎない。では本格的にはどう言うか。実はかなり面倒くさいのだ。やや専門用語めいた「古書」は antiquarisches Buch（複数なら antiquarische Bücher）が普通である。そして「古本屋」というより「古書籍商」の方がぴったりなのが Antiquar［antikvá:r］で、お店の方は Antiquariat［antikvariá:t］と言う。

表記と発音から、これらがゲルマン系でないことはすぐわかる。ラテン語 antīquārius「古いことを知り、愛好する人」が 16 世紀に取り入れられ、18 世紀にラテン語尾 -ius を失って Antiquar となり、それ以降に主に書籍に関しての用語 antiquarisch、Antiquar、Antiquariat が成立したわけである。ルネサンス・人文主義期の香り高い単語だから、日本語では「古本屋」よりは「古典籍商、古書籍商」等の方がふさわしいことは前に述べた。ラテン語 antīquārius は antīcus または antīquus「前方の；以前の；より大切な」（独 Ant- や ent- に対応）の派生語である。antīcus や antīquus という単語を見るとだれでもすぐ独 antik「古典古代の」を思うだろう。そして骨董や古美術品好きの人なら「アンティック」店（英語 antique shop）のことを考えるかもしれない。

厄介な点はここにある。もともと antīquārius は「古いもの好きの」の意味だから、「古いもの」は書籍にかぎらず、古器物、つまり骨董品の類でもよいのは当然である。だから Antiquar は「古書籍商」でもあり、また同時に「古美術商、骨董商」でもありえた。実際、古美術品も置いている古書籍商、また古本も扱っている古美術商は洋の東西を問わずたくさんある。

そんなわけで独 Antiquar も当初は古書籍商と骨董商の双方を意味していたのだが、次第に書籍の方に限定されてきて、現在ではほぼ古書籍商のことになっている。ただし、まだ用心深い人は Buchantiquar などと言うこともある。

さてこの Antiquar は「古本を扱う商人」のことであり、「古本を扱う店」は Antiquariat である。だからたとえば Ich bin Antiquariat などとは言えず、Antiquar と言わなければならないことになる。そしてこの Antiquariat は19世紀になってラテン語めかして（職業、集団を示すラテン語接尾辞 -atus を用いて）作られた新語なのである。同類のものに Proletariat「プロレタリアート、無産階級」（< prōlētārius）がある。

Antiquar と Antiquariat が「古書籍商人」と「古書店」のように書籍に固定してしまうと、「古美術商人」と「古美術店」の方は別な表現を新たに探さざるをえなくなる。そしてここに登場するのが Antiquität で、たいてい複数形で用いられて「骨董品、古美術品」を表す。「骨董商人」は Antiquitätenhändler、「骨董品店」は Antiquitätenhandel で、書物の場合より簡明である。もとはラテン語 antīquitās の複数 antīquitātes「古代の文物」で、16世紀にドイツ語に入った。

こんなわけで、片や Antiquar「古書商人」、Antiquariat「古書店」、antiquarische Bücher「古書」、他方に Antiquitätenhändler「骨董商人」、Antiquitätenhandel「骨董品店」、Antiquitäten「骨董品」という、何やらよく似た２つのグループがあるわけである。――しかしこれらのどれも Antiqu- までは共通で、たいていのドイツ人にとっても厄介な外来語であることはまちがいない。だからややこしいラテン語は避けて Altbuchhandel「古書店」、Altbuchhändler「古書商人」と言う人もいる。また美術の方ではKunsthandel「美術品店」、Kunsthändler「美術商」と言ってもよいが、そうすると「古美術、骨董」という意味は消えてしまう。

「骨董品」にはKuriosität「珍品」やRarität「稀品」を用いることもあるが、どちらも「珍」や「稀」に重点があって、広く骨董品、古美術品全体を表すわけにはいかないようである。もうひとつTrödelというとてもポピュラーな単語もあるが、これは「ガラクタ」という意味だから、まちがっても立派なAntiquitätenhändlerの前で口に出してはいけない。いわゆる「ノミの市」(独Flohmarkt、英flea market、仏marché aux puces――ノミのついたままの衣服まで売っているというパリのガラクタ市から来た名称らしい) などに出ているような代物のことだから。15～16世紀から知られているこのTrödelの語源は不詳である。

私にとって古本――古書籍などというむずかしい言葉はやめておこう。まして古典籍などと言われると私は恐れ入ってしまう――は、古人の英知の無尽蔵の宝の山である。古本屋に入って棚を見わたし、また古本屋から送られてくるカタログを見たりすると、森羅万象が太古からもうどこかのだれかによって論じられ研究されているのに気づく。「天の下に新しきことなし」という古言 (旧約、「コヘレトの言葉」1章－9節) に私は毎日の如く打ちのめされ、しかしなおも懲りもせず、今日もまた新たなる打ちのめされを期待してカタログをめくり、古本屋めぐりに出かけるのである。

50　羊皮紙

ヨーロッパ中世の言葉や文学にいささかでも興味をもつ人はだれでも、中世文書の大部分がそれに書かれた羊皮紙にも興味を覚えるだろう。

もう数十年も昔のこと、西ドイツ（当時）のさらに西方のフランスとの国境にある大学に留学していた私は、中世独文学ゼミの研修旅行で西南ドイツやエルザス・ロートリンゲンの古跡を訪れた。各地の修道院や大学図書館の貴重図書を目前にして感激し、ある修道院では分厚い羊皮紙写本を手にとることすら許されて（今なら絶対だめだろう！）、その後しばらくは手を洗いたくなかった。

現在なら近代的な電子機器の発達で、自宅に居ながら外国の国宝的文献の１ページ１ページを微に入り細にわたって検証することも可能である。わざわざ外国に出かけ、ややこしい手続きをしてやっと貴重図書室に入れてもらい、やっと長い間あこがれていた古写本に対面はかなっても、直接ページをめくることなどは許されず、結局マイクロフィルムで見るしかない――こんなあほらしい時間と費用のむだ遣いは、もうしなくていいことになった。しかし、である。どんなに精巧なコンピューターの画面も、原物そのものには絶対にかなわない。「もの」としての書籍がもつあの静かな貫禄、「書香」という言葉で表わされるあの（必ずしも嗅覚的ではない）香り……。これらはコンピューターの画面では不可能だ。実際的な研究にはきっとコンピューター図像の方が便利なのだろうが、その書籍の長い歴史を秘めた全体を本当に識る、あるいは味わうには、原物に接するしかない。

それはともあれ、あこがれの古写本類に対面して大学に戻ってきた数日後、同じ研修旅行に参加して、やはり羊皮紙写本の「書香」に幻惑されていた留学生仲間の某先輩が寮の私の部屋に飛び込んできた。なんと町の文房具屋で羊皮紙が買えるとのたまうのである！しかもたいした値段ではないとのこと。まさか、と私が少し冷静に値段などを尋ねてみると、先輩も少し変だと思ったらしく、不得要領な顔つきになって帰ってしまった。そこで私も次の日、その文房具店に行き、たしかにPergament「羊皮紙」という名札のついている紙を見つけたのだが……。ああ、ちょっと店の人に尋ねてみると、正式にはPergamentpapierといい、バターやチーズを包む耐水性の人造紙なのであった。正式には硫酸紙で、パルプを硫酸で処理した半透明、耐脂性・耐水性に富む薄い紙のことである。たしかに薄手でつるつるした手ざわりは極上の羊皮紙に酷似してはいるけれど……。上述の先輩氏もいくばくかの時の経過のうちにすべてを悟られたとおぼしく、私たちはそれ以後、安価なる人工的羊皮紙について語ることはなかった。

さてこの羊皮紙、ドイツ語ではPergament［pɛrgamént］というが（英parchment、仏parchemin）、古代小アジアの都市ペルガモンPergamon（現在はトルコ西部のベルガマBergama）に由来することはかなりよく知られている。ヘレニズム時代に栄えた王国だったが、前２世紀にエジプトからのパピルス輸入を封じられた当代の王エウメネス２世が、それに対抗して羊皮紙を発明したことになっているが、実際は羊皮紙生産ははるか以前から知られており、ペルガモンはその最大の集荷地だったようだ（肥前有田の磁器が伊万里港から出荷されたので一般には伊万里焼として知られるのと同じことらしい）。

Pergamentという形はもともとラテン語（charta）Pergamena「ペルガモン紙」が出発点だが、-tのついた形は中世ラテン語のpergamentumが中高独語に取り入れられて現在に至ったものである。しかし古形のPergamenも根強く残り、ルターやゲーテはこちらの語形を用いている。

羊などの皮を洗い、なめし、削り、などさまざまの複雑な処理を経て、あの薄くつややかな羊皮紙を作り上げるのは大変な作業である。また一頭の羊から取れる量も限られているから、上等な羊皮紙はとても値の張る筆記用紙だった。「用紙」と書いたが、中世末期まで紙はほとんど知られていなかった。だから文字をきちんと清書するには羊皮紙しかなく、結局法律文書か聖書や典礼書などの宗教文書のみが羊皮紙に書きとめられるのであった。庶民は文字とは無縁だったが、しかし聖職者や役人、医師などは文字なしではすまない。だから高価な羊皮紙を使うまでもないときは、彼らはローマ以来の簡易筆記用具である蠟版と鉄筆を用いた。木の枠の中に熱した蠟を流しこみ、尖った骨や金属の棒で引っかくのである。ラテン語で前者は tabella cērāta「蠟板」、後者は stilus ／ stylus「尖り棒」だが、ドイツ語ではそれぞれ Wachstafel、Griffel と呼ばれた。書き損ねや消したい文字は、鉄筆の反対側の平たい部分で削ればよいのだから便利である。下書きにはこの蠟板を使い、清書は高価な羊皮紙を、というのが文字を用いる階層の一般的習慣だったらしい。

それはともかく、真正の羊皮紙写本の類はきわめて希少にして高価——と言うか、貴重なものはほとんどすべて収まる所に収まっていて、そんじょそこらの古本好きや骨董好き風情が、おいそれと手に入れられる値段ではない。断簡零墨ですら目をむくような値で、私ごとき貧乏老書生には一生無関係の高値の花である——と思い定めていたある日、何たる奇蹟、この道の大先達の畏友の好意で、羊皮紙の断簡零墨の何葉かが舞いこんできたのである。中世写本の大多数がラテン語の宗教関係文書であるのは当然で、日本の貧書生たる私の机上にはるばるやってきてくれたのも、ラテン語の典礼書などの零墨である。ドイツ語ではないので少しためらいはあるのだが、羊皮紙写本の実物サンプルとして1葉を挙げてみることにしよう。全21行のうち、第17行の verbum tuum までは新約聖書「ルカ伝」1章の第29節末尾から38節まで、そしてそれに続く Cum natusからは「マタイ伝」2章の第1節から11節までが書かれている。細いGriffel「石(鉄)筆」で罫線が引かれ、やや褐色がかった黒インクでラテン語本文が記されているのだが、各節のはじめと文頭の文字の縦線には朱色も加えられて、わかりやすくなっている(何章何節という数字による区分は近代のものである)。17行と18行には朱インクのみの文字でSecundumとMatheumと書かれ、両者を続けて読めば「(ここからは) マタイによる」となる。朱文字の前後には聖書の原文にはない「神に感謝せよ、ちょうどそのころ」(Deo gratias...In illo tempore) という文が挿入されており、特にInのIは分厚い金文字を濃紺と白で囲んだ飾り文字として左側に大きく描かれている。文字を書くのはたいてい僧である写字生だが、カラーのイニシャルや挿画を描くのは専門の画家だったようだ。

このあたりは処女マリアの受胎告知、そして東方の三博士によるイエスの拝礼のところで、「ルカ伝」と「マタイ伝」の好都合な部分をつなぎ合わせて、ひとつの劇的な、そしてつじつまの合う筋に仕立てているわけである。「マタイ」「マルコ」「ルカ」「ヨハネ」という四つの福音書は著者も成立時期も、また著述の意図もまったくバラバラだから、イエス・キリストという「神の子」の生と死、そして復活とをつじつまの合う形で記述することは、中世のキリスト教にとって是非とも必要な作業となった。2世紀のシリア人Tatianosが先鞭をつけ、20世紀まで行われたこの作業を16世紀ルター派の神学者OsianderはEvangelienharmonie「調和聖書」と呼んだ。幸福なる偶然で私の机上に舞いこんできたこの羊皮紙の一片も、どうやらこの種の「調和聖書」の1ページであるようだ。写本研究家でもない私のいいかげんな勘(むしろ山勘と言うべきか?)では、14世紀ころのものではないかと思われるが、サテ……。

ドイツ語文献でもない古物に紙数を費やしてしまって、大方の読者には迷惑だったこととお詫びいたします。——こういうカビの生えたような役立たずの事や物に一喜一憂している私を見て、ある先輩はニヤリとほほ笑み、たった一言「玩物喪志」とつぶやいたことだった。まことにまことに恥じ入り、赤面するしかないのではあるが、しかしドイツ語でも Über den Geschmack läßt sich nicht streiten「蓼食う虫も好き好き」と言うではありませんか、とそのとき抗弁したかどうか——憶えていない。多分ゲラゲラ笑ってふたりでビールでも飲みに行ったのではないかと思うのだが、すでに天国に居を移されたこの先輩に尋ねるすべもないのである。

ラテン語の羊皮紙をひねくりまわすなんて、たしかに玩物喪志にまちがいないのではあるが、最後にひとつだけ読者の皆様にも役立つかもしれない知識のかけらをお伝えしよう。活版印刷術がドイツ人の Gutenberg によって 15 世紀半ばに開発され、それまできわめて少数の有閑階級の独占物であった読むことと書くことを大衆の手に渡すことになった、という文化史上の大事件については、どなたも承知しておられよう。ただし、グーテンベルクにとって活版印刷物の究極のモデルは、見事な筆跡の文字と、カラフルで精密な挿絵とで仕上げられた極上の羊皮紙写本だったことはあまり知られていない。最初に印刷されたいわゆる「42 行聖書」の一部は事実羊皮紙にも印刷されて、一見したところ極上の羊皮紙写本と区別しがたかったという。グーテンベルクにとって最も重要なことは、制作に時間も費用もたっぷりかかるこのような貴重品を、一度に 100 部でも 200 部でも作り上げてしまうことにあったのではなかろうか（——彼が本当に活版印刷術の「発明者」であるのかどうかについては、さまざまの議論があるが、ここではその問題にはふれないことにする）。その後さまざまの発展を経て、何万部でも刷れるようになった挙句、今では紙の書物の存在すら危うくなった時代に私たちはいるわけで、コンピューター類の一切にタッチせず（できず）、羊皮紙の断片に涎をたらしている私などは、まことに絶滅危惧種の人間と言われるのも無理ないわけである。

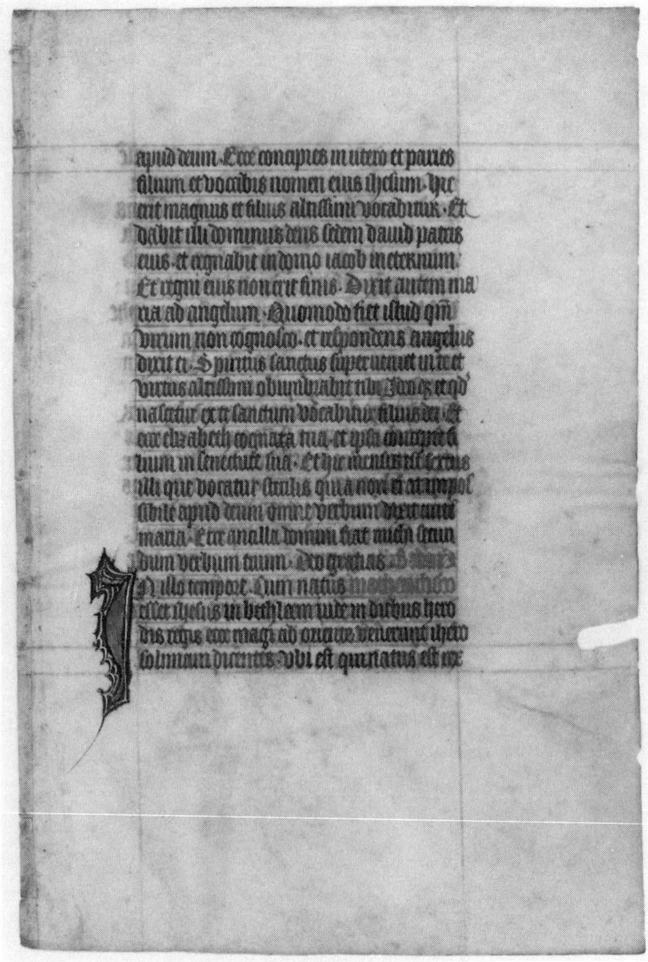
apud deum. Ecce concipies in utero et paries
filium et vocabis nomen eius ihesum. Hic
erit magnus et filius altissimi vocabitur. Et
dabit illi dominus deus sedem david patris
eius. et regnabit in domo iacob in eternum.
Et regni eius non erit finis. Dixit autem ma
ria ad angelum. Quomodo fiet istud qm
virum non cognosco. et respondens angelus
dixit ei. Spiritus sanctus superveniet in te et
virtus altissimi obumbrabit tibi. Ideoque et qd
nascetur ex te sanctum vocabitur filius dei. Et
ecce elizabeth cognata tua. et ipsa concepit fi
lium in senectute sua. Et hic mensis est sextus
illi que vocatur sterilis quia non erit impos
sibile apud deum omne verbum. Dixit autem
maria. Ecce ancilla domini fiat michi secun
dum verbum tuum. Deo gratias.
In illo tempore. Cum natus
esset ihesus in bethleem iude in diebus hero
dis regis. ecce magi ab oriente venerunt ihero
solimam dicentes. Ubi est qui natus est rex

ラテン語聖書の羊皮紙の１葉（本書カバー折り返しのカラー画像参照）。

51　Männertreu 男の貞節

ある春の一日、奈良の田舎に観梅としゃれこんだ。梅の色と香（と昼食のときの浅酌と）に陶然として野道をブラブラ歩いていると、道ばたにちっぽけな青紫色の花をつけた草がたくさん生えている。同行のドイツ人女性ふたりに「これはスミレですか」と聞くと（植物オンチの私には紫色の小さい草花はすべてスミレなのです）、苦笑して、スミレではない、Männertreuだ、と教えてくれたのはよいのだが、その後ふたりで顔を見合わせてニヤニヤ笑うのが不思議である。「変わった名前ですね、『男の忠実さ』なんて、中世英雄叙事詩あたりから来た名なのでしょうか」と尋ねると、ふたりのニヤニヤ笑いはいっそうひどくなって、そのひとりがこう答えてくれた：この花はほんの少しの間しか咲かないのよ、そしてすぐポロポロと散ってしまうのよ、ちょうど男性たちの貞節と同じようにね！
——なるほどなるほど、だからMännerとついているのだ、騎士道の話ではなく、「男女道」の話なのだと納得した。-treuは「忠誠」よりは「貞節、貞操、みさお」と訳す方がよさそうだ。フーム、しかしこんな名称は女性側からの一方的視点によるもので、公平とは言いがたい。男から見ればFrauentreuと名づけたくなる場合だって——と抗弁しようかと思ったのだが、いや、短くもないわが人生においてこれまで見聞してきたあれこれのケースを思い出してみると、やはりMännertreuの方が断然真実を衝いていることに思い当たり、私もただニヤニヤと笑い返したのである。

帰宅してから調べてみると、Männertreuはいわば俗語で、正式にはLobelie［lobé:liə］（フランドルの植物学者Lobelius, 1538－1616、にちなむ）と言うらしいのだが、実際にはMännertreuの方が普通のようだ。キキョウ科ミゾカクシ属の植物で、和独辞典を見ると、「ルリソウ」「ルリトラノオ」「ルリミゾカクシ」「ミゾカクシ」などさまざまの訳語がついているが、まあこのへんのことは専門家にまかせることにしよう。

私にとって面白いのは、Männertreu の後半の -treu（< Treue）を私が直観的にまず「忠節、忠義」のような、どちらかというと騎士道ないし武士道的倫理でとらえたことである。私の年齢とか育った環境とか個性とかにもよるのだろうが、「貞節、貞操、みさお」といった男女間の（イヤ、同性間でもよろしいが）性的倫理の方向にはなかなか頭がはたらかない。何点かの独和辞典を見ると、どれにも「誠実」、「忠実」、「節操」などの訳語が先の方に出ていて、「みさお」や「貞操」は後の方であり、私の語感もそれほど特異でないらしいとまず一安心（旧版の岩波独和で見てみたら、「貞操」や「みさお」の類は皆無で、少しびっくりした。著者のお三方はいずれ劣らぬ硬派であられたらしい？）。ともあれ、性的倫理の Treue が一般倫理の「誠実」の派生的用法であるのは自然である——蛇足ながら、今は（特に女性の）貞操について用いられる日本語の「みさお」（語源不詳）も、本来は単に上品で典雅であることを意味したらしい——。

さてこの Treue は古高独語 triuwa、中高独語 triuwe、triu であるが、形容詞 treu の名詞であることは言うまでもない。そして triuwe や triu といった古形を眺めていると、まもなく英語の true「真実の」が念頭に浮かばないだろうか。そうなのである。英 true は古英語では trēowe ／ trīewe で、古高独語の (gi)triuwi（古低独語 triuwi）にそっくりであり、意味も「忠実な」でまったく同じである。ドイツ語では接頭辞 gi- をつけた gitriuwi が形容詞（この gi- は中高独では落ちる）、gi- なしの triuwa が名詞として発展したが、古英語では接尾辞 -þ のついた形が名詞として固定し、現在の truth に至っている。古高独語にも同じように接尾辞 -da のついた名詞 truida はあったが、後世には伝わらなかった。

そんなわけで、独 treu と英 true は同源なのであり、さらにその先をたどるとゴート語の triggws にまで至るゲルマン共通語ということになる。ドイツ語の発展史に詳しい方なら、いわゆる第二次子音推移ないし高地ドイツ語子音推移によって西ゲルマン語の語頭の子音 t- は z- 音に変わったはず（たとえば英 tell →独 zählen）だから、英 true なら独 zr... などとなったはずだと思われるかもしれないが、ところが tr- という複合子音はこの現象の例外で、tr- のままなのである。

少しややこしい話になったが、独 treu と英 true がもとは同語ということを確認した上で、この両語に何やら発音のよく似た英語に思い当たらないだろうか？　トゥロイ、トゥルー……？　そう、tree である。「木、樹木」だから意味はまったく別だが、発音はとてもよく似ているではないか――実はこの tree も、treu や true と同語源であるという説がかなり有力なのである。

ゴート語 triggws「忠実な」を先に挙げたが、この語に近い関係にあるゴート語に triu があって「木の棒、杖」を意味する。そしてギリシャ語 dóry「樹木、木」、「サンスクリット語 dā́ru「木材」などから推定できる印欧祖語「*deru-, *drū-「樹木」（おそらくはオーク、柏、樫、ブナの類）にたどりつくことになる。

この「樹木、木材」が語源であるらしいもうひとつのゲルマン語に独 Teer、英 tar「タール」がある。木材や石炭を乾留して作るあの黒い粘る液体である。石炭からなら独 Kohlteer、英 coaltar「コールタール」、木からなら独 Holzteer、英 wood tar であるが、この Teer と tar が上記の *deru- や *drū- に由来することは容易に納得が行く。タールは特に木造船の建造や修理に必要な物資だから、スカンディナヴィア、英国、低地地方などの航海に長じた国や地方で早くから使われ、あまり海運の盛んでなかったドイツには 16 世紀初めにオランダ語や低地ドイツ語を通じて知られるようになった。

さて、英 tree や独 treu が言語的には「樹木」（たとえば英 tree）

と親戚関係にあるらしいことはほぼわかったが、でもまだピンとは来ない。「樹木」と「忠誠」やら「真実」との関係が。そこで次に、ひょっとすると眉唾（？）かもしれないが、しかし一応学界では定説に近いものとされている説を紹介することにしよう。

この *deru- や *drū- 系の「樹木」は、主にオーク（ナラや柏、ブナなど）のことであったらしい。オークは太く大きくどっしりとしていて堅牢であり、しばしば樹木崇拝の対象であった。ゲルマン時代には武神 Thor ／ Donar を象徴する神木として崇拝された。風姿が立派で、実用上も（造船や家具、武器などとして）最良用材だったとすれば、「立派で頼りがいがある」「どっしりとした」「誠実な」といったイメージがオークについて生まれるのは理解できる。要するに「オークという木の如く堅牢にして頼りがいがある」という表現の前半部が時とともに脱落して、「忠誠」やら「正直な、正しい」といった抽象的・倫理的部分のみが残り、treu や true に至っているわけである。

なるほどなるほど、私如きはひたすら高説に感服するのみである。たしかに樹木や植物に人の感情を投影するのは全く自然で、たとえば中国文化圏において、松竹梅という三つの植物に常緑の生命と忠実さ、雪にも折れぬ不屈、寒さという逆境における凜とした典雅さなどの象徴を見るのもその代表例である。ドイツでも Tanne「樅」は常緑樹としてその「貞実さ」を讃えられるし（クリスマスソングの Wie *treu* sind deine Blätter!）、オークについては wie eine Eiche fest stehen「オークの如くどっしりと立つ」という表現がよく聞かれる。

このような解釈にはもちろん異論も少なくないだろうが、そのどれも 100 パーセント確実な証明は不可能であろうから、私としては独 treu や英 true の「樹木起源説」を信奉することにしたい。一応はなるほどとうなずかせてくれる説と思うので。

さてこの後は単なる付け足しであるが、「樹木、木」という基本的単語が、独では Baum、英では tree と全く別語であるのはなぜだろうと考えたことはないだろうか？　すでに見たように、tree は印欧祖語 *deru- や *drū- に遡ることができ、一応由緒が明白である。独 Baum はゲルマン語の系統においては広く見られるが（ゴート語 bagms など）、その先はよくわからない。「成長する、生まれる」の系統（英 be 動詞や、独 bin や bist に残っている）から説明して「生えるもの、成長するもの」が原義とする説や、独 biegen「曲げる、曲がる」と同根で、原義は「曲がりくねるもの」と推測する説などがあるようだ。

現代の英語は tree 一本槍だが、実は古くは Baum 系の語も並立していた。古英語 bēam がそれで、「樹木、木」の意味にも、また「材木」の意味にもなり、後者から建物の「梁」、さらに「十字架」にさえ用いられた。しかし時とともに tree 系に圧倒されて（これには英語に大量に入りこんだ北欧ヴァイキング系の tré という単語の影響が大きかったらしい）、今では beam は「梁、桁、（電磁波などの）ビーム、光線」であり、「樹木、木」の意味は持たない。

ひるがえってドイツ語を見ると Baum 系ばかりが昔から独占しているように思えるが、実は tree 系も皆無ではなかった。古低独（または古ザクセン）語の叙事詩『ヘーリアント（*Heliand*)』には「材木、梁、角材」の意味の trio ／ treo が登場している。有名な山上垂訓の「自分の目の中の梁」の箇所（「マタイ」７章、３－４節）の「梁」のことである。

だからこの例だけを見ると、「つらつら考察を重ねたところ、樹木は高地独語は Baum 系で、低地独語は tree 系だったのだ！」などと言いたくなってしまうのだが、そううまくは問屋がおろさない。だって『ヘーリアント』には「樹木」の bôm も頻出しているのだから。むしろ古英語の影響が少なくなかったこの作品なので、「目の中の梁」という特異な表現にあたって、わざと古英語系の trio ／ treo を採用したのだと考えるべきなのだろう。

話しが少しややこしくなった。「男の貞節」という小さな草花が、自分の目の中の「梁」にまで発展してしまい、収拾がつかなくなりかけているので、この項はこのへんで。

L. Richter 画「恋する狩人」

52　卵枢転　はオランダ語？——また卵と石について

以下はオランダ語の話であるが、言語学の立場から見ればオランダ語は西ゲルマン語の中の低地フランク語、ないし西フランク語で、北ドイツの低地ドイツ語の仲間なのだから、お許しいただきたい。実は低地ドイツ語の一方言と言っても良いのだが、これにはオランダの愛国者から文句が出るかもしれないので、仲間という表現にしておこう。

蛇足だが、言語学上はHolländisch「オランダ語」よりNiederländisch「ネーデルランド語」の方が少しばかり由緒正しい。Holland「オランダ」は正確にはオランダの一有力州ホラント（< holt-land「森の国」）のことで、近世にアムステルダムなどの重要都市をもつこの州の名が代表的と感じられるようになってからのことである。だから今も正式な国名はKoninkrijk der Nederlanden（英 Kingdom of the Netherlands）、直訳すれば「低地諸国王国」とでもなろうか。現在のオランダとベルギー（の一部）を中心とする低地諸国の連合体のことであったが、このあたりのことは省略しよう。日本と古くから交流のあった国であることはよく知られているが、そのころの通称名「オランダ」が日本では定着して、オランダ人とかオランダ語というようになった。英語では人にも言語にもDutchを用いることは言うまでもない。このDutch、実はDeutchと同じ単語なのだが、もうこの問題にも深入りしないことにしよう（要するに中世において公式言語であるラテン語と対比して、大陸西部のゲルマン諸語の言語をdeutch「民衆語」と呼んだのである。ゲルマン祖語は *þeudō「民衆」で、deuten「〈民衆にもわかるように〉はっきり説明する」やdeutlich「〈民衆の目にも〉はっきり」も関連語と思われる）。

蛇足が少々長蛇足となってしまったようだ。さて清国と並んで江戸時代に日本と交易を許されていたオランダは、長崎の出島に商館を置き、1633年から1789年までは年に1度商館長の江戸参府が行われた。「御礼言上」という表敬訪問である（1790年から1858年までは4年に1回となる）。対オランダ貿易に幕府は年々「しぶちん」になってきていたから、商館長は貿易拡大を期待してさまざまの贈りものを用意して出府したのだが、あまり効果はなかったらしい。幕府側の冷淡さは、1790（寛政2）年以降4年に1回、5年目ごとの参府という決定にも見てとれる。どうも幕府には交易よりも商館長が提出する海外情報「オランダ風説書」の方が重要だったらしい。

それはともあれ、ふだんはちっぽけな出島という「牢獄」に閉じこめられているオランダ人にとっては、参府旅行は直接に日本を知ることができる唯一のチャンスだった。きゅうくつな制約を受けてはいても、3カ月にもおよぶ旅は実に新鮮な印象を与えたにちがいない。とりわけ、商館医として来日していたケンペル（参府は1691年と92年の2度）や、ツュンベリー（1776年）、シーボルト（1826年）のような当時一流の学者たちにとっては、参府旅行は彼らの日本研究を進めるうえの最善の機会であった。

そして事情は洋学に関心をもつ日本人にとっても同じだった。将軍吉宗の蘭学解禁以来、蘭学熱は高まり、参府したオランダ人と接触して日ごろの疑問を晴らしたい学者たちや、交歓によって好奇心を満たしたい上流人士（蘭癖大名と言われる人たちもいた！）の数は増すばかり。江戸の定宿長崎屋での交歓はとても有名で 北斎の浮世絵も残っているほどであるが、道中の宿においてもさまざまな接触があったことは、上記の超一流商館医たち（ケンペルとシーボルトはドイツ人、ツュンベリーはスウェーデン人だが）の旅行記にも明らかである。

さて白隠と言えば、江戸中期の臨済禅の傑僧（1685～1768）であるが、浜松に滞在していた宝暦8年（1758）の冬のある日、孝禅和尚から卵枢転という名の秘蔵の宝玉を見せられた。「形模は鴨卵の如く、重さ二、三斤、見る者尽く賞翫してやまず」、白隠も驚嘆して、和尚の乞いに応じておこなった法話の中にこの宝石を巧みに取り入れ、満堂の雲水および聴衆に多大の感銘を与えた。達磨がその名を得るきっかけになった「無価の宝珠」や、中国古典に出る「璧」や「珠」の例を引き、この卵枢転という宝玉がまったく磨かれていないのに「三千界を照破す」るように、皆も「誓って大精進を憤起し……参究せば、……忽然として無価の宝珠を見ん」、ほかでもない、その証拠がこの卵枢転である、と説いたのであった。うまいものである。

ところでこの卵枢転という名称について白隠はこう記す。「近頃阿蘭陀の商胡来たり、隣駅浜松に宿す。人有って持して往いて之に示す。胡一見して驚嘆して曰く、是れ奇璞なり。吾が国称して卵枢転と曰う。勤めて琢磨すれば必ず美玉を見んと。是において郷人甚だ秘重す。」

阿蘭陀の商胡とはオランダ商館の一行のことにちがいない。すると卵枢転はオランダ語ということになる。白隠研究者からこれについてコメントを求められた私は困った。卵枢転は多分「ランスーテン」だろうと見当はつけたが、オランダの知人にも尋ねてみたが、だれも知らない。ただし後半のスーテンはステーン「石」steen（英stone、独Stein）だろうと想像はできる。問題は「卵」のランである。うまく当てはまるようなオランダ語は思いつかない――そこで少しばかり頭をやわらかくして、「卵」はランの音訳ではなく、卵を意味するオランダ語ei（独Ei、英egg）を翻訳したものではなかろうかと考えてみた。オランダ語辞典にあたってみると、確かにeiの複数形を用いたeiersteenはある。しかし説明を読むと、魚の卵状の粒を含んだ凝灰岩の一種であるらしく、とても白隠禅師の「無比の霊光」を放つという卵枢転とは思われない。

――とどのつまり私が思いついたのは、浜松宿における次のような情景である。

オランダ商館長は学者ではない。ビジネスマンである。随行者にもいつでもケンペルやツュンベリー、またシーボルトのような大学者が医師としてまぎれこんでいるとは限らない。宿まで押しかけてきた好奇心あふれる日本人に、この1キロほどもある鴨の卵のような宝石を見せられ、しつこくその蘭名を問いただされ、苦しまぎれに「卵形の円形石」eirondsteen（または eironde steen）とでも言ったのではなかろうか。ei-rond は「卵のように丸」いということである。

ここにおいて重要な役を演じた（かもしれない）のが、随行していたオランダ通詞だったろう。「卵形の丸い石」ではあまり素直すぎて芸がない。そこで名通詞は即座に気転をはたらかせ、意味と音価とをこの上なく見事に結び合わせた「卵枢転」を創造したのではなかろうか。とりわけ「枢転」にはほとほと感嘆せざるをえない。eirondsteen の ei は「卵」と訳し、rond「丸い」を「枢転」（軸のまわりを丸く回転するの意）の中に含ませ、そして steen「石」の音価をも「枢転」で再現させる——これはアクロバット的と言ってもいい名人芸の翻訳である。

宝暦ごろの商館長を調べてみると、ブーレン Boelen、ホムード Homoed、フェアムーレン Vermeulen らが見つかるが、しかしこの時期の商館長公務日記は簡略で、浜松宿泊の詳細を伝えてくれるものはない。

さて付録的にこの ei と rond、そして steen の語源調べを少々。蘭語 ei、独 Ei、英 egg はゲルマン共通語である。英語の形が独や蘭と少し異なるのは、英国にたくさん侵入して定住した北欧ヴァイキングの語形を受けついだためで、それ以前の古英語形は ǣġ（発音はほぼ［エーイ］）であった。ラテン語 ōvum、ギリシャ語 ōión も同系で、さらに遡ると「鳥」にたどりつくらしく（ラテン語 avis「鳥」）、だから本来は「鳥の卵」のことであった。今では何の卵にも用いられるようになっているが、それでもドイツ語では魚の卵にはRogenの方が普通のようである。

さて次の蘭rond、独rund、英roundはごく見慣れた単語なので、ついうっかり共通ゲルマン語、などと言いたくなるのだが、とんでもない、これは13世紀末に古フランス語rond、rontから取り入れられたもので、遡ればラテン語rotundusに至る外来語なのであった。それ以前は「球状の、丸い」には現代独のScheibe「円盤」やKreis「円環」、またRing「環」やWölbung「湾曲」などの系統の語が適宜使われていた。たとえば1000年頃のザンクト・ガレンの僧ノートカー（Notker）にはsinwelb(e)という語が見られるが、これはsin-「まったくの」と、現代独gewölbt「丸くもりあがった」の意の-welb(e)の合成語である。古英語でもsinewealt「まったく輪のような形の」（wealtはwealte「輪」などと共にwieltan「ころがす、ころがる」から。独walzenと同根）や、sinetrendel, -tre(n)dende「クルリとまわる」（-trendelは「回転する」の意で現代英trendと同根）などと表現したようである。

最後に蘭steen、独Stein、英stoneについて。ゲルマン共通語で（ゴート語stains）、印欧祖語段階の原義は「凝固」だったらしい。だから何よりまずその堅さ、重さ、冷たさなどが注目されて、Herz aus Stein「冷酷な心」や、Stein und Bein schwören「断固と誓う」（石のように堅く誓うこと。Beinは「脚」ではなく、その古義である「骨」のこと。英語bone）、またEs friert Stein und Bein「石も骨も凍える寒さだ」等の表現がたくさんある。Mir ist ein Stein vom Herzen gefallen「ホッとした」も心中の重い石が落ちたという、その感覚がよくわかる言いまわしである。私はよく日本語の「石頭」を直訳して*Steinkopf、「かたくなな心」を*Steinherz、「鉄面皮、かたくなな表情」を*Steingesicht、などと言ってしまうのだが、たいていの場合はよく理解してはもらえる。しかしこれらのどれも辞書に登録されるような正式な単語ではないらしいので、読者の皆様はどうぞお使いになられませぬように（ただし *Steinherz の形容詞は中高独語末期には steinherzec という形で登場している）。

〈蛇足その１〉Stein は殊に南ドイツではしばしば桃やサクランボなどの種子（核）を表す。一般的には Kern と言うべきところである：Hans、spucke keine Steine auf die Straße aus!「ハンス、種子を道路に吐いてはいけません」
〈蛇足その２〉Stein は「岩石」から「岩山」、さらに「岩山に建てられた砦、城、町」ともなって、たとえば Stein am Rhein のような地名にもなる。日本でも「石山」やら「石川」やらの地名は山ほどあるが、「石」、「岩」だけというのはあまりないのではあるまいか。
〈蛇足その３〉Sein Vater ist steinreich「彼のお父さんは大金持ちだ」の steinreich はよく聞く言葉である。多くの辞書には stein にアクセントを置くと「（道などに）石が多い、石だらけの」の意、stein と reich の両方にアクセントを付けると「大金持ち」の意、としてあるが、私の経験では少しちがう。そもそも「石だらけの」の意味で用いることは滅多になく、アクセントをどこに置こうが steinreich はたいてい「大金持ち」を指すようだ（前半に置くのが普通）。さてこの言葉、現代の普通の語感では Stein- は意識されていないらしいのだが、強いて考えてみると、まるでそのへんの石ころや砂利のようにお金がたくさんある、――この場合お金は紙幣ではなく、石に似た金貨や銀貨でないとまずいだろうが――というように理解されている。私も同感なのだが、調べてみると、おやおや異説もいくつかある。たとえば、この場合の Stein とは Edelstein「宝石」のことであるという説。なるほどなるほど、この方が説得力があるかもしれない。宝石を単に「石」という例はたくさんあるのだから。ところがさらに、steinalt「（まるで石のようにひからびて、ひどく老いた）や steinhart「（石のようにコチコチ）堅い」などの影響下に生まれた強意の stein- で、もはや「石」という原義は消えているという説である。現在のネーティヴスピーカーの意識において石のイメージがほとんど消えていることは確かだが、しかし steinalt や steinhart の影響下に生まれた単なる強調だというのは、私には少しばかり疑わしい。alt や hart とくらべて、石と reich の結びつきがあまりに突飛でありすぎるように思えるし、また他に単なる強調の stein- が見つからないからでもある。

ついでながら単なる強意と化して原義が完全に失われている例は、たとえば日本語の「痛く→痛烈に→とても」に酷似する sehr である。77 ページでも述べたが、もともとは、「傷つける、痛くする」（独 ver-sehren、英 sore）の副詞であったのが「痛く→痛烈に→とても」に変わったというわけである。

これもついでながら、steinreich によく似たものに blutarm「（アクセントを blut- に置いて）貧血の；（アクセントを -arm に、または双方に置いて）極貧の、一文なしの」と、blutjung「とても若い」がある。blutarm「極貧の、一文なしの」は、生命の象徴である血までカラカラになるほどの貧乏、あるいは、もう血液以外になにも残っていないほどの貧乏、ということなのだろう。私などたちまち「逆さにしても鼻血も出ない」という日本の俗語を思い出してしまう。ひょっとしたら blutarm の blut- も鼻血のことだったか？——と証明不可能な妄想にふけるのはやめることにしよう。15 世紀から見られる blutarm に対し、おそらくその影響下に生れたらしい 18 世紀初登場の blutjung の blut- はどんなイメージなのだろう。まだ幼児のように頰が赤い、ないし生まれたての赤ちゃんのように全身が赤い、ということだろうか。日本語なら「乳くさい」とか「尻が青い」などに相当するのだろう。

最後に一言。この steinreich はドイツ語独自の単語であるらしく、オランダ語にもまたほとんどの北欧語にも見られない（スウェーデン語のみに同義の stenrik がある。おそらくドイツ語から入ったのだろう)。英語やフランス語にないのは当然である。

蛇足のつもりがうわばみの蛇足になりかけたので、このへんで。

シーボルト像(岩崎常正筆)

あとがき

雑然として多岐にわたり、硬軟ごちゃまぜの本書をどうやらひととおり通読して下さった皆さま、お疲れさま！「まえがき」にも書いたように、通読されても皆さまのドイツ語能力が増加したわけではないことを私は確信しているのであるが、しかし、ひょっとすると皆さまのドイツ語やゲルマン語の世界が少しだけ立体的に、少しだけふっくらとしたものになってはいないだろうか。いやいや、いい年をして自画自賛するつもりはない。希望的観測を述べたにすぎない。万一、専門的関心を抱かれた方々はまず以下の基本的参考文献をひもとかれることをお勧めする。

最後になってしまったが、怠け者であきっぽい著者を長い年月（数字は書けない！）にわたって、実に神のごときおだやかさと辛抱強さで見守ってここまで漕ぎつけさせて下さった現代書館編集部の吉田秀登氏に心から感謝申しあげる。またネーティヴスピーカーとして、私のとんちんかんな質問やら、その回答に対する私の不条理なる再質問やらに、（だいたいは）冷静に客観的に応じてくれたDr. Saskia Ishikawa-Franke夫人、ヨーロッパ中世史や近世史の知識を惜しみなく開陳してくれただけでなく、ついには秘蔵の羊皮紙写本の数葉まで私に恵んで下さったDr.Bernd Neumann氏、万事に鈍重な私にあきれてサッサと資料探しをして下さった言語学の吉島茂氏、そして私の乱雑きわまりない手書き原稿を大汗をかきつつパソコンに入れて下さった大谷大学大学院博士課程の竹中正太郎氏、これらの方々への謝辞を忘れたら、私は人非人ということになるであろう。

著者

基本的なドイツ語源辞典とドイツ語学・語源学入門書

Duden, *Etymologie, Herkunftswörterbuch der deutschen Sprache,* (Der Große Duden, Band 7) Mannheim 1963.

河崎 靖『ドイツ語学への誘い――ドイツ語の時間的・空間的拡がり』 現代書館　2007

Kluge, Fr., *Etymologisches Worterbuch der deutschen Sprache,* Berlin 1989.[22]

Kluge, Fr., *Unser Deutsch,* Heidelberg 1958. [6]

（フリードリヒ・クルーゲ『ドイツ語の諸相』吉島・石川訳、クロノス 1981）

Mackensen, L., *Reclams etymlogisches Wörterbuch,* Stuttgart 1996.

Maurer, Fr., / Stroh, Fr., *Deutsche Wortgeschichte,* 3 Bde, Berlin 1960.

Paul, H., *Deutsches Wörterbuch,* Tübingen 1992. [9]（語源辞典ではないが、意味と用法の変遷に詳しく、語源辞典に準ずる）

Pfeifer, W. et al., *Etymologisches Wörterbuch des Deutschen,* 3 Bde., Berlin 1989.

Schwarz, E., *Kurze deutsche Wortgeschichte,* Darmstadt 1967.

下宮忠雄『ドイツ語語源小辞典』同学社　1992

下宮忠雄『ドイツ・ゲルマン文献学小事典』同学社　1995

渡辺格司『独逸語の語源』大学書林　1935

石川光庸『匙はウサギの耳なりき――ドイツ語源学への招待』
白水社　1993（エッセー集、本書の兄弟編）

単語索引（現代ドイツ語形のみ）

〔A〕

〔B〕

〔C〕

〔D〕

〔E〕

[F]

[G]

〔H〕

〔I〕

〔J〕

〔K〕

〔T〕

(U)

(V)

(W)

〔Z〕

石川光庸（いしかわ　みつのぶ）

独語学・ゲルマン語学、洋学史専攻。
元京都大学教授。

主要著書
『古ザクセン語　ヘーリアント（救世主）』（大学書林）、『匙はウサギの耳なりき――ドイツ語源学への招待』（白水社）、『ドイツ会話40章』（共著、白水社）、『ドイツ重要単語2200』（共著、白水社）など。
主要訳書
F.クルーゲ著『ドイツ語の諸相』（共訳、クロノス）、B.C.ドナルドソン著『オランダ語誌――小さな国の大きな言語への旅』（共訳、現代書館）、W.シュトゥーベンフォル編『グリム家の食卓』（共訳、白水社）、『ブランデンシュタイン家所蔵シーボルト書簡――翻刻と翻訳』（共編訳、シーボルト記念館『鳴滝紀要』、刊行中）など。

ドイツ語〈語史・語誌〉閑話

2012年3月31日　第1版第1刷発行

著者	石川光庸
発行者	菊地泰博
組版	コムツー
印刷	平河工業社（本文）
	東光印刷所（カバー）
製本	矢嶋製本
装幀	中山銀士

発行所　株式会社現代書館
〒102-0072　東京都千代田区飯田橋3-2-5
電　話 03(3221)1321　FAX 03(3262)5906
振替 00120-3-83725　http://www.gendaishokan.co.jp/

校正協力・吉沢里枝子
 ISBN978-4-7684-5679-8

◉現代書館の関連書

労働移民の社会史――戦後ドイツの経験

矢野 久 著　ナチスの苛烈な民族主義から敗戦を経て民主化へ。経済成長期に渡独してきた外国人労働者たちは「新たなドイツ国民」になれたのか？ 人種の相克はドイツをどう変えたのか？　慶大教授が、多民族社会ドイツの歴史を一次史料で解明する。　2400円＋税

ナチス・ドイツの外国人――強制労働の社会史

矢野 久 著〈叢書 歴史学への招待〉　慶應義塾大学教授でナチスドイツ研究の第一人者が、口語体の文章で易しく書き下ろしたナチス期の外国人労働者研究入門。ナチスの恐怖は戦争・人種差別だけにあるのではない。ヒトラー政権下の外国人労働者を通して初めて分かる史実を詳かにする。　2300円+税

ナチス第三帝国を知るための101の質問

W. ベンツ 著/斉藤寿雄 訳　「ナチス第三帝国の『第三』とは何か」「ドイツの教会はいかにナチに協力したのか」「ニュルンベルク裁判は『勝者の裁き』に過ぎなかったのか」等、ナチスについての101の質問にドイツの歴史学の泰斗が簡潔に答えるナチス学入門書。　2000円+税

ホロコーストを知らなかったという嘘――ドイツ市民はどこまで知っていたのか

バヨール&ポール 著/中村浩平・中村 仁 共訳　ホロコーストはナチスの罪だったのか、ドイツ人全体の罪だったのか？　ユダヤ人の大量殺戮に感づきながらも知らぬふりをしたドイツ人の罪を問う。ホロコーストの真相と未だ反省なきドイツ精神を検証する。保阪正康氏・朝日新聞書評絶賛　2200円＋税

越境する環境倫理学――環境先進国ドイツの哲学的フロンティア

K.オット、M.ゴルケ 編著/滝口清栄 他訳　「絶対的な解」がない環境問題に哲学者はいかに挑んだのか? 安易な自然礼賛・文明批判を超え、希望の根拠を探る哲学者たちの挑戦。人間は今何を問われているのか? 哲学者たちが見た環境の本当の問題点をズバリ指摘する。　2700円＋税

フルトヴェングラーの風景――孤高の大指揮者へのオマージュ

飯田昭夫 著　20世紀クラシック音楽界最大の巨匠・フルトヴェングラー。彼の生涯・業績を辿り、不朽の名演を生んだ孤高の魂の軌跡を類稀な名文で鮮かに描く。心震わす名演、同時代の音楽家との交流を詳述し、信念と矜持を貫いた芸術家の姿を活写する。　2800円+税